SÃO JOSEMARIA ESCRIVÁ NO BRASIL

Conheça nossos clubes

Conheça nosso site

- @editoraquadrante
- @editoraquadrante
- @quadranteeditora
- Quadrante

Francisco Faus

São Josemaria Escrivá no Brasil

QUADRANTE

Copyright © 2007 Quadrante Editora

Capa
Gabriela Haeitmann

Dados Internacionais de Catalogação na Publicação (CIP)

Faus, Francisco
São Josemaria Escrivá no Brasil : esboços do perfil de um santo; Francisco Faus – 4ª edição – São Paulo : Quadrante, 2024.

ISBN: 978-85-7465-617-5

1. Escrivá de Balaguer, Josemaria, Santo, 1902-1975 2. Opus Dei - História I. Título

CDD-282.092

Índice para catálogo sistemático:

1. Santos : Igreja Católica : Biografia 282.092

Todos os direitos reservados a
QUADRANTE EDITORA
Rua Bernardo da Veiga, 47 - Tel.: 3873-2270
CEP 01252-020 - São Paulo - SP
www.quadrante.com.br / atendimento@quadrante.com.br

Sumário

Prefácio a esta edição comemorativa 7

Prefácio à segunda edição 13

Introdução 17

1. «Senhor, não pensei em mim mesmo...!» 23

2. «Senhor, procuro o teu rosto!» 43

3. A Jesus, por Maria, com José 73

4. «Caridade, alegria, paz» 89

5. Um vulcão de amor 129

Algumas palavras do autor, por ocasião do cinquentenário da vinda de São Josemaria Escrivá ao Brasil 155

Prefácio a esta edição comemorativa

Pe. Vicente Ancona Lopes

Foi indescritível, faz cinquenta anos, a alegria produzida pela notícia da vinda de São Josemaria ao Brasil, entre os fiéis do Opus Dei e seus amigos e conhecidos.

O carinho pelo Padre, como nós então o chamávamos, era muito intenso, e também era intensa a consciência da grande graça que representava a sua vinda ao nosso país. Embora nunca tivéssemos desistido desse sonho, pela idade e circunstâncias de saúde e trabalho de São Josemaria, estivéramos quase que conformados com a ideia de que uma viagem dele ao Brasil seria algo difícil.

Quando, para a nossa surpresa, a notícia dessa viagem se confirmou no começo de maio de 1974, a mobilização de orações e de energias para a preparação da viagem foi acompanhada por uma eufórica expectativa. Muitos ainda éramos estudantes, e nos organizamos para estar maximamente disponíveis e oferecer-lhe a acolhida mais cuidadosa e carinhosa possível.

As diretoras e diretores do Opus Dei na época, e todos nós, tínhamos plena consciência da historicidade desse acontecimento. O próprio Papa São Paulo VI atestara que o Opus Dei era uma intervenção de Deus na história e que o Fundador exerceria sua paternidade na Obra para as futuras gerações.

Foram, portanto, tomadas providências para registrar da melhor forma possível tudo o que São Josemaria faria e diria em solo brasileiro, pensando na importância que isso teria para as gerações vindouras de fiéis do Opus Dei e de tantos amigos e colaboradores. Tudo foi amplamente documentado: fotografias; gravações em áudio e vídeo das reuniões com grupos de pessoas; cerimônias litúrgicas; depoimentos de pessoas narrando encontros e conversas pessoais; testemunhos de graças e conversões etc.

Quase imediatamente após a partida de São Josemaria, foi formada uma equipe para organizar toda essa documentação. Tratava-se de preparar o envio desse material para o Arquivo Histórico da Prelazia em Roma e facilitar também a sua eventual divulgação, inicialmente em publicações internas do Opus Dei. O Padre Francisco Faus fez parte dessa equipe e teve papel ativo em sugerir a forma e organização de todo esse material ao redor dos momentos, eventos e ensinamentos que pareciam mais marcantes e relevantes. Ajudado pelas diretoras e diretores da Obra, foi preponderante seu trabalho de reflexão e redação sobre o legado que São Josemaria deixou no Brasil.

Ao longo das décadas sucessivas, essa reflexão foi sendo mais elaborada e aprofundada, quer pelo autor deste livro, quer por muitas outras pessoas, entre eles os próprios sucessores de São Josemaria à frente do Opus Dei: o Bem-aventurado Álvaro del Portillo e Mons. Javier Echevarría, que acompanharam São Josemaria nessa viagem. A perspectiva do tempo mostra a profundidade, a perenidade e a projeção de seu legado para nós, brasileiros.

Desde 1974 até hoje, são inegáveis as rápidas e profundas transformações culturais, morais e sociais ocorridas no mundo inteiro — e no Brasil em particular. Exatamente por estarmos inseridos nessas mudanças — e, muitas vezes, sermos protagonistas delas —, cabe afirmar, com sincera satisfação, que as palavras de São Josemaria sobre o nosso país, cheias de fé e de entusiasmo perante o seu potencial evangelizador para servir à Igreja, têm plena atualidade. Acredito que não poderia ser de outra forma, porque são os santos os que, pela sua intensa união com Deus, possuem essa visão sapiencial que detecta as necessidades do mundo, os seus desafios, as suas carências e as suas grandes possibilidades. No presente caso, basta ler os seus comentários sobre o Brasil que ele viu em 1974 e o que pensava sobre o seu futuro — não movido por considerações apenas humanas, mas por uma imensa fé na Providência de Deus.

Ao longo destes anos, participei de palestras e encontros familiares em que o Padre Francisco comentava episódios e palavras de São Josemaria no Brasil. Ele os presenciara como testemunha diretíssima, uma vez que residia na mesma casa do Sumaré em que o Padre se hospedou e pôde acompanhá-lo de perto ao longo daqueles dias em tertúlias, reuniões e cerimônias litúrgicas.

Quem conhece o Padre Francisco, leu os seus livros e escutou suas pregações conhece seus dons poéticos e seu gosto por organizar suas ideias de forma unitária e conexa. Neste livro, o autor passeia por suas cálidas e profundas lembranças da vinda de São Josemaria ao Brasil e as organiza de uma forma igualmente profunda e surpreendente, tal qual explicada por ele na nota introdutória. Oferece, ainda que afirme não o pretender, uma maravilhosa síntese do que foi a estadia de São Josemaria no Brasil e nos ajuda a reviver, com muita gratidão a Deus, as emoções daquelas jornadas inesquecíveis, ao mesmo tempo que sentimos a responsabilidade de transmitir, com a própria vida, sua mensagem de procurar uma santidade alegre no meio do mundo.

A presente edição, que comemora o cinquentenário da vinda de São Josemaria, quer ser também uma manifestação de agradecimento a ele por seus ensinamentos e pelas graças do Senhor que derramou em nosso país.

Prefácio à segunda edição

Pe. Vicente Ancona Lopes

No dia 27 de outubro de 1974, em Roma, tive a feliz oportunidade de um breve momento pessoal com São Josemaria Escrivá. Era a primeira vez que me encontrava com ele depois de sua viagem ao Brasil e, ao saudar-me, disse-me com muita alegria: *Você vai ficar sabendo logo dos elogios rasgados que eu fiz ao seu país!* Pela expressão e entusiasmo com que falou, pareceu-me entender que ele mesmo se surpreendera com as coisas profundas e belas que, inspirado pelo seu carisma de fundador, tinha dito aqui a respeito de nós e do Brasil.

De certa forma, este livro de Francisco Faus cumpre, para mim, aquela promessa de São Josemaria. Ao apresentar uma perspectiva daqueles

17 dias no Brasil, o autor transmite essa efusão de amor de um grande santo pelo nosso país e pelo nosso povo. O leitor descobrirá um São Josemaria brasileiro, que gostou tanto daqui, e sentiu-se tão em casa entre nós, que se surpreendeu e nos surpreendeu com as descobertas que ia fazendo a respeito do Brasil.

A agenda de São Josemaria no Brasil foi intensa e o autor o acompanhou quase o tempo inteiro. Ainda que afirme não pretender fazer a crônica desses dias, oferece ao público brasileiro, pela primeira vez, um condensado daqueles dias que sem dúvida exigiu um esforço de síntese e de seleção.

Gostaria de destacar neste prefácio um subtítulo do último capítulo, «O Brasil aos olhos de um santo», para mim o ponto culminante do livro. É preciso ter presente que, como Fundador do Opus Dei, era portador de uma mensagem evangélica universal destinada a encarnar-se e inculturar-se nas diferentes nações. Isso lhe facilitava captar a idiossincrasia dos diversos lugares que visitava. Ao chegar pela primeira vez a um país dizia: *Não vim para ensinar, mas para aprender de vocês!* E aprendia mesmo. Captava virtudes e compreendia, a partir da luz dessas qualidades, também as sombras, os defeitos «nacionais» de cada lugar.

Os nossos poetas nos ajudam a entender a nossa terra. A boa poesia é sempre um dos caminhos para atingir a verdade. Mário de Andrade, em «Prisão de luxo», diz que nós, brasileiros, «somos na terra o grande milagre do amor». Também historiadores e sociólogos penetraram, pelo caminho da pesquisa, no mistério do Brasil e da brasilidade. Assim, por exemplo, Sérgio Buarque de Holanda, em *Raízes do Brasil*, escreve: «Já se disse, numa expressão feliz, que a contribuição brasileira para a civilização será de cordialidade — daremos ao mundo o "homem cordial"».

São Josemaria, diante de sua missão de plantar e projetar o Opus Dei também no Brasil, vê uma dimensão do nosso país que complementa a de nossos poetas e sociólogos. Desde os primeiros olhares à nossa gente, identificou um clima de convivência, de fraternidade e de afeto que o surpreendeu: «Vi que vocês se tratam de uma maneira fraterna..., e fiquei comovido». Não o havia visto em lugar nenhum! Concentrou sua observação e reconheceu nesta característica singularmente nossa, tão rica, o reflexo de uma profunda raiz católica, tão culturalmente assimilada, que é poderosa para resistir aos projetos de desconstrução do amor cristão, programaticamente implantados e reimplantados no Ocidente.

O autor também nos faz ver que não se ocultavam a São Josemaria os numerosos problemas que é preciso enfrentar e resolver no país, nem as feridas da desagregação moral na família e na sociedade. Mas a impressão global e profunda era tão positiva, que a empolgação com o Brasil e com o futuro do Opus Dei no Brasil culminou numa bênção «patriarcal» narrada no fim do livro.

Em certo ponto, Francisco Faus, brasileiro naturalizado há muitos anos, pede até desculpas por reproduzir tantos comentários elogiosos de São Josemaria ao Brasil. Penso que o autor, mais do que suscitar ufanismo, pretende despertar a responsabilidade dos leitores de realizar o «sonho brasileiro» de São Josemaria Escrivá, isto é, «levar esse empenho de caridade, de fraternidade, de compreensão, de amor, de espírito cristão a todos os povos da terra».

Introdução

Faz cinquenta anos, por iniciativa de São Josemaria Escrivá — com a sua bênção, as suas orações e o seu incentivo —, teve início o trabalho do Opus Dei, a serviço da Igreja, no Brasil. Exatamente na solenidade de São José, dia 19 de março de 1957, pisaram terra brasileira os primeiros fiéis do Opus Dei que chegaram aqui para ficar.

Estas páginas querem ser uma expressão de agradecimento a Deus e a São Josemaria por me ter concedido o dom de poder colaborar, ao longo de quarenta e seis anos, na aventura empolgante de «abrir caminhos divinos da terra» — os do Opus Dei, «caminho de santificação no trabalho profissional e no cumprimento dos deveres cotidianos do cristão» — na Terra de Santa Cruz, que há anos escolhi voluntariamente como minha pátria.

Quero, porém, esclarecer desde o início que este livro não foi concebido como um relato histórico — nem amplo, nem sintético — desses cinquenta anos. Se fosse assim, cometeria uma tremenda injustiça com muitos homens e mulheres não mencionados nestas páginas, que deram o sangue por Deus, pela Igreja e pelas almas, entregando-se a fazer o Opus Dei em terras brasileiras: muitos deles foram e ainda são «atores principais» dessa maravilhosa história.

Também não é o livro, como o título poderia sugerir, uma «crônica» mais ou menos completa, das duas semanas em que São Josemaria permaneceu no Brasil, entre 22 de maio e 7 de junho de 1974.

Na realidade, a obra foi escrita com um intuito muito definido: pôr em destaque alguns traços característicos da santidade cristã, que são patentes na vida inteira de Mons. Escrivá, mas concentrando o foco quase exclusivamente nos dezessete dias em que o tivemos entre nós no Brasil. Só esporadicamente farei alguma exceção — por exemplo, no começo do primeiro capítulo —, recorrendo a reservatórios mais antigos da memória de outros períodos em que convivi com Mons. Escrivá: em Roma, de outubro de 1953 até junho de 1955, ano em que fui ordenado sacerdote; e, também em Roma, nuns poucos dias de dezembro de 1973.

Mas mais de noventa por cento do livro tem o Brasil como cenário.

Quero esclarecer ainda que as palavras de São Josemaria, frequentemente citadas no livro, procedem todas elas de gravações magnetofônicas e de anotações manuais feitas na hora. Talvez algumas não sejam completas, mas com certeza mantêm o sentido do que São Josemaria disse.

A estrutura do livro — os seus cinco capítulos —, como o leitor poderá verificar, corresponde ao esquema clássico do desenvolvimento da santidade cristã: sobre o alicerce básico da humildade (capítulo 1), a santidade tem como essência o crescimento da caridade, vínculo da perfeição (Ef 5, 2 e Cl 3, 14): em primeiro lugar, da caridade — do amor — para com Deus, ao qual estão estreitamente unidos o amor à Virgem Maria, aos Santos e aos Anjos (capítulos 2 e 3); e, em segundo lugar e inseparavelmente[1], do amor ao próximo — decorrência necessária do amor a Deus (capítulo 4) —, cuja expressão sobrenatural mais alta é o apostolado (capítulo 5).

As luzes e bênçãos que Deus, por intermédio de São Josemaria, concedeu aos seus filhos

---

(1) Cf. 1 Jo 4, 20.

e filhas brasileiros — aos daquela época, aos de hoje e aos do futuro —, e a muitas outras pessoas, nos dias em que o tivemos conosco, são motivo mais do que suficiente, neste jubileu de ouro, para esta tentativa de homenagem e de gratidão.

O autor
São Paulo, 22 de maio de 2007

25 de maio de 1974
Centro Universitário do Pacaembu

27 de maio de 1974
Centro de Capacitação Profissional Casa do Moinho

Capítulo 1

«Senhor, não pensei em mim mesmo...!»

> *Deus dá a sua graça aos humildes.*
>
> 1 Pe 5, 5

> *Se alguém quiser vir após mim, renuncie a si mesmo, tome a sua cruz e siga-me.*
>
> Mt 16, 24

Meu encontro com São Josemaria

Em 1954, eu estava em Roma, no Colégio Romano da Santa Cruz, quando Mons. Escrivá «morreu». Já me referi em outra ocasião a esse fato[1], que assim enunciado fica chocante e exige uma explicação. Mas antes de esclarecê-lo,

---

(1) Francisco Faus, *A paciência*, Quadrante, São Paulo, 1998, pp. 31-38.

desejava situar o leitor no ambiente e nos antecedentes do evento.

Para começar, direi que eu conhecera Mons. Escrivá em outubro de 1953, na manhã seguinte ao dia da minha chegada a Roma. Encontrava-me junto ao portão do jardim de Villa Tevere — sede central do Opus Dei — quando vi de repente o nosso Fundador, que ia sair de carro. Mal me viu, «reconheceu-me» sem nunca me ter visto (atribuo isso, em parte, à «fama» da minha incipiente calvície) e chamou-me, com muito carinho, pelo meu nome familiar. O carro deteve-se, beijei a mão de Mons. Escrivá — para nós, o Padre —, que me cumprimentou com afeto de pai e, depois de me olhar nos olhos afetuosamente, me disse umas palavras que ecoam ainda nos meus ouvidos: — «Em Barcelona — a cidade onde nasci e estudei até terminar o curso de direito —, já tivemos os espinhos; agora chegou o tempo das rosas».

Referia-se a umas contradições, narradas com detalhe nas biografias do santo, que no início dos anos quarenta do século passado (eu era ainda uma criança de nove ou dez anos) se desencadearam em Barcelona contra o nascente Opus Dei: calúnias, falsidades infames, acusações de heresia, promoção deliberada — até por parte de sacerdotes mal informados — de um clima de desconfiança e de terrorismo moral, dirigido a apavorar pais e mães de jovens que sentiam a vocação para o Opus Dei... Tudo se desfez com o tempo, e pôde-se verificar, como acontece também agora e sempre acontecerá, que «Deus dos males tira bens», e que faz concorrer «todas as coisas — como escreve São Paulo — para o bem daqueles que o amam»[2].

Um episódio de 1954

Conheci — vinha dizendo — Mons. Escrivá ao chegar a Roma em 1953, e Deus me concedeu conviver lá com ele durante quase dois anos. Via-o, ouvia-o, podia participar de conversas com ele quase todos os dias e, frequentemente, mais de uma vez por dia. As palavras cálidas com que me acolheu recém-chegado — as que acabo de narrar, com mais uma pequena digressão esclarecedora —, são expressivas do clima de proximidade cordial que os alunos do Colégio Romano da Santa Cruz tínhamos com o nosso Fundador.

Posso afiançar que, desde o meu primeiro dia em Roma, vi um Mons. Escrivá alegre, sempre

---

(2) Rm 8, 28.

sorridente, cheio de uma vivacidade e de uma vitalidade fora do comum; atento aos menores detalhes que pudessem significar ajuda, serviço, estímulo para qualquer um de nós; um Padre, um pai sensível às necessidades de incentivo, de consolo, de alegria ou de orientação de que precisasse algum de seus filhos espirituais.

Se me perguntassem pela sua saúde, provavelmente eu teria dito então que «esbanjava saúde». Talvez, depois de dizê-lo, parasse uns instantes pensativo e acrescentasse: «Bem, já ouvi dizer que, desde 1940, padece de um diabetes grave, que tem fortes efeitos colaterais e lhe cria moléstias intensas; mas, sinceramente, não parece. Afora um pouco de cansaço algumas noites, e o fato de que precisa beber meio copo de água de vez em quando, eu não notei nada». Creio que os universitários de vários países que estávamos lá, completando a nossa formação nas faculdades eclesiásticas romanas — muitos de nós preparando-nos para o sacerdócio —, teriam expressado um parecer semelhante.

E, no entanto, o diabetes estava, naquele ano de 1954, na sua fase mais grave e perigosa. O certo, porém, é que nós não notávamos nada. Por isso, foi uma surpresa chocante a notícia que recebemos na primavera desse ano. O Padre, no dia 27 de abril — festa de Nossa Senhora de Montserrat — tivera um choque anafilático após receber a dose diária de uma nova insulina de efeito retardado, e entrara em coma, ficando como morto, à beira mesmo da morte. Antes de ficar desacordado, pedira ao Pe. Álvaro del Portillo, que estava a seu lado, a absolvição.

Dias mais tarde, recuperado da cegueira temporária que o afetou, contou-nos com muito bom humor que, mal pôde contemplar de novo o seu rosto no espelho, comentou ao Pe. Álvaro: «Já sei que aspecto vou ter quando morrer...» Por isso, dizia às vezes: «Já sei o que é morrer. Eu "morri", naquele dia 27 de abril de 1954». A partir daí, o diabetes desapareceu, ficando inexplicavelmente curado (Deus e Nossa Senhora têm a explicação), ainda que permanecessem sequelas dos longos anos da doença no rim, na vista e no coração. Uma vez ultrapassada essa ocorrência, tudo, no nosso convívio com ele, continuou, como dantes, num clima de permanente presença de Deus e de alegria expansiva e familiar.

Refletindo sobre esses fatos, escrevi em 1998: «Neste episódio todo, algo se nos revelou com absoluta nitidez, com inequívoca evidência: tínhamos vivido, dia após dia, com um Mons. Escrivá doente, afetado por forte mal-estar físico, muitas vezes cansado, esgotado, e nada disso tinha transparecido no seu porte, no seu rosto, no seu gesto, na sua conversação»[3].

Será que nós, os alunos do Colégio Romano da Santa Cruz, tínhamos consciência do que isso significava? Só aos poucos é que a maioria de nós se foi apercebendo do valor dessa equanimidade, que não era «natural». Começamos a vislumbrar, admirados, até que ponto um grande Amor, como o que São Josemaria trazia dentro da alma, pode levar um homem, por Deus, a um completo esquecimento de si mesmo.

«Isto não é trabalho»

Avancemos agora vinte anos nas folhas do calendário. Estamos na noite de 22 de maio de 1974. O cenário não é mais Roma, mas São Paulo. São Josemaria acabava de chegar ao Brasil, onde permaneceu até 7 de junho.

Eu já não era mais o moço recém-formado que conhecera o Fundador do Opus Dei em Roma. Era sacerdote desde 1955 e contava uma experiência relativamente ampla das almas: do que significa, para muitas pessoas, a tristeza e a alegria; do que é, para uns, a queixa amarga e,

---

(3) Francisco Faus, *op. cit.*, p. 35.

«SENHOR, NÃO PENSEI EM MIM MESMO...!» 29

para outros, a abnegação silenciosa; do contraste entre o complexo de vítima de alguns e a generosidade dos que não se importam de deixar a vida aos pedaços.

Nesses dias brasileiros — atento a captar o exemplo de alguém que já considerava um homem de Deus —, pude comprovar mais uma vez que São Josemaria se encaixava no segundo termo de cada um desses binômios: na alegria, na abnegação silenciosa, na generosidade que em nada se poupa.

A estadia do Padre no Brasil foi qualificada, com muita exatidão, como uma «maratona» (à qual iriam seguir-se viagens e numerosas atividades na Argentina, Chile, Peru, Equador e Venezuela). Cada dia tinha um programa muito apertado de pregação, de tertúlias[4], encontros de catequese — sucedendo-se um após o outro — com centenas de pessoas; de conversas com famílias ou com pessoas particulares que queriam abrir-lhe a alma; de dedicação intensa a sacerdotes e leigos,

---

(4) Reuniões com Mons. Escrivá, de dezenas ou milhares de pessoas, em que, num clima familiar e com um tom cordial e simples, os participantes faziam livremente perguntas, e o Padre respondia impartindo luzes de doutrina católica — uma autêntica catequese —, conselhos de vida cristã e incentivo para viver os ideais de santidade e apostolado.

a casais, a estudantes...; de atos litúrgicos, alguns deles muito cansativos...

Na minha idade, muito mais jovem, eu pensava ao vê-lo: «Acho que não aguentaria; eu chegaria à noite estourado». Mas ele fazia isso tudo, e chegava à noite sorrindo, vivaz, alegrando a vida dos que convivíamos com ele na mesma casa, tendo mil detalhes delicados, contando-nos episódios que nos faziam rir ou lembranças interessantes da sua vida...; ou então, aproveitando a caixa de chocolates que alguém trouxera para nos oferecer bombons... E, no meio disso, pedia-nos mais trabalho para si, mais apostolado...

Já «começou» no primeiro dia. Como chegara tarde da noite no dia 22, pensando no cansaço da viagem, tínhamos preparado para o dia 23 um plano relativamente «moderado» (duas reuniões — tertúlias —, uma de manhã e outra à tarde). Pois bem, quando percebeu que era «só isso» que fora planejado, disse-nos, alertando-nos para os próximos dias: «Porque, a mim, vocês não me vão ter descansado como hoje... Hoje, a única coisa que fiz foi falar com as vossas irmãs[5], com muito gosto!, e com vocês, mas

---

(5) Referia-se às mulheres do Opus Dei que se ocupavam dos trabalhos de administração doméstica da casa onde residiu em São Paulo.

isso não é trabalho: isto é alegria grande, isto é descanso. É estar bem demais!»

A partir de então, não houve outro remédio senão programar-lhe uma «maratona» diária.

«Este homem deve estar prostrado»

Como é natural, os que o acompanhavam — nomeadamente o Pe. Álvaro del Portillo e o Pe. Javier Echevarría que viajaram com ele, bem como o Conselheiro (cargo posteriormente designado Vigário Regional) do Opus Dei no Brasil, Pe. Xavier de Ayala —, viviam em constante e discreta solicitude pela sua saúde. Já mencionei que o diabetes, mesmo tendo desaparecido, lhe deixou como sequela uma insuficiência renal, com os consequentes riscos cardíacos e respiratórios. Nessas condições, uma simples bronquite poderia significar um perigo grave[6].

Procurou-se, por isso, acompanhar o estado físico do Padre com análises frequentes. José Luis Alonso, médico, um dos primeiros a começar o trabalho da Obra no Brasil, residia na mesma casa. Fazia anos que ocupava o cargo de chefe do serviço de eletromiografia do Hospital do

---

(6) Cf. Javier Echevarría, *Recordações sobre Mons. Escrivá*, Quadrante, São Paulo, 2017, p. 31.

Servidor Público Estadual de São Paulo. Ele solicitou a um colega muito competente que acompanhasse os resultados das análises clínicas. Este, depois de examinar os dados, disse-lhe:

— Com certeza esse senhor deve estar prostrado na cama, sem poder mexer-se...

José Luis riu e retrucou, com uma expressão muito sua:

— *No..., no*! Não para de trabalhar, de falar em público, e de andar de um lado para outro. Está tão ágil de corpo e de espírito como um jovem de trinta anos...

Era verdade. Não sei se o colega acreditou. Sei, sim, que eu — e todos os outros que estávamos com ele — não precisamos de acreditar, porque o víamos. O Pe. Álvaro del Portillo já fazia tempo que ficava assombrado ao ver como, segundo nos dizia, «a alma do Padre arrastava o corpo». E o «arrastava» de uma maneira humanamente inexplicável.

Veio-me ao pensamento a conhecida frase de Santo Agostinho: «Quando se ama, ou as coisas não custam trabalho, ou até o trabalho mais penoso é amado». São Josemaria amava, com loucura: a Deus e ao próximo. E o seu amor era para ele como as asas da alma que lhe permitiam voar por cima da fraqueza do corpo. Sofria? Evidentemente, sentia as moléstias. Às vezes brincava, referindo-se ao severo regime alimentar que os médicos lhe prescreviam (supressão absoluta do sal e redução de gorduras, açúcar e farinhas, massas e legumes), mas jamais o vi queixar-se de nada.

Entendemos como é um santo? Alguém que, por amar muito, acaba por esquecer-se totalmente de si mesmo. Com absoluta sinceridade, Mons. Escrivá podia dizer: «Eu nem mesmo existo», porque praticava ao pé da letra a abnegação que Jesus pede aos que o seguem: «Se alguém quiser vir após mim, renuncie a si mesmo, tome a sua cruz e siga-me [...]. Porque aquele que tiver sacrificado a sua vida por minha causa, recobrá-la-á»[7].

Com grande sinceridade expressava essa convicção — «eu nada sou», «eu nem mesmo existo» —, durante a ação de graças da Santa Missa que celebrou no Centro Universitário do Sumaré em 26 de maio. Terminada a Missa, fazia a sua ação de graças ajoelhado num genuflexório que fora colocado no presbitério, perto do altar. Com o olhar fixo no Sacrário, começou a agradecer a Nosso Senhor, fazendo oração em voz alta:

«É bom que cada um de nós invoque o seu Anjo da Guarda, para que seja testemunha desse

---

(7) Mt 16, 24-25.

milagre contínuo, dessa união, dessa comunhão, dessa identificação de um pobre pecador — isso é o que é cada um de nós, e sobretudo eu, que sou um miserável — com o seu Deus.

«Sabendo que é Ele, saudamo-lo pondo a fronte no chão, em adoração. *Serviam*! Servirei! Nós queremos servir-Te... E teremos que confessar o nosso nada: Senhor, não posso, não valho, não sei, não tenho, não sou nada! Mas Tu és tudo. E eu sou teu filho e teu irmão».

Prosseguia alegrando-se de, na sua «miséria», poder contar, pela Comunhão dos Santos, com os méritos infinitos de Jesus, com os merecimentos da Mãe de Deus e de São José, com as virtudes dos santos e as de seus filhos («o ouro de meus filhos», dizia). Nele mesmo só via «as pequenas luzes que brilham na noite da minha vida, pela misericórdia infinita do Senhor e pela minha pouca correspondência. Tudo isto te ofereço, Senhor, juntamente com as minhas misérias, a minha pouquidão, para que — sobre essas misérias — fiques Tu e estejas mais alto».

O helicóptero que não chega...

A pequena história que agora vou relatar, mais do que uma «história» é uma ilustração eloquente do traço de santidade que estou a focalizar neste capítulo: o esquecimento de si, a humilde abnegação. Ainda que não tenha as características de um «feito extraordinário», é um episódio que me parece muito sugestivo.

Já em 23 de maio, no primeiro dia transcorrido no Brasil, Mons. Escrivá manifestou o seu desejo de fazer, em alguma igreja próxima, a romaria que tradicionalmente todas as pessoas do Opus Dei fazem, no mês de Maria, a um santuário, igreja ou capela dedicados a Nossa Senhora. O Pe. Xavier, sem pedir nem sugerir nada, teceu os louvores do Santuário de Aparecida, falando desse foco intenso de devoção, meta de incontáveis romarias vindas de todos os cantos do país. O Padre adivinhou o «pedido» implícito e respondeu: «Farei o que você quiser», o que, traduzido, significava: «Vamos a Aparecida, se assim você o quiser».

Então, o Pe. Xavier animou-se a expor uma sugestão complementar. Dois bons amigos, cooperadores da Obra[8], donos de uma empresa

---

(8) São Cooperadores do Opus Dei os homens e mulheres — católicos, ou não católicos, e até não cristãos... — que, sem estarem incorporados à Obra, lhe prestam ajuda (com a sua oração, o seu trabalho, as suas esmolas), na realização de atividades educativas, assistenciais, de promoção cultural ou social etc., juntamente com os fiéis do Opus Dei.

de fumigação aérea para a lavoura, haviam-se prontificado a deixar à disposição de Mons. Escrivá um helicóptero da companhia, um aparelho francês a jato — um Gazelle —, rápido e estável. Será que o Padre gostaria de ir a Aparecida por ar?

«Por que não?», foi a resposta tranquila. «Farei o que você quiser».

Uma vez aceito o plano, não demoraram muito a ser acertados o dia e a hora da viagem. Seria a primeira vez na vida em que São Josemaria voaria num helicóptero. A data escolhida foi 28 de maio. Partiriam do aeroporto do Campo de Marte às dez da manhã.

Efetivamente, antes das dez horas desse dia, o Padre foi recebido no Campo de Marte, com grande amabilidade, pelos dois cooperadores — Sérgio Lunardelli e Luis Cássio Werneck — com as suas respectivas esposas, outros dois casais amigos e o administrador da empresa, o afabilíssimo comandante Simões[9].

---

(9) O comandante Simões, já falecido, acompanhou no dia 7 de junho Mons. Escrivá, também no Campo de Marte, até o helicóptero — o mesmo da romaria — que iria levá-lo ao aeroporto de Viracopos, para dali seguir viagem até Buenos Aires. Uma tormenta torrencial impediu a decolagem, e o comandante protegeu São Josemaria do aguaceiro com a sua

Na pequena sala de espera, iniciou-se imediatamente uma cordial tertúlia, um diálogo ameno, descontraído, sobrenatural e bem-humorado entre o Padre e seus anfitriões aeronáuticos, com predomínio das vozes femininas, cada vez mais empolgadas com as coisas tão claras e sugestivas que aquele sacerdote lhes comentava sobre a família, o amor humano, a formação dos filhos, o Brasil...

Todos eles guardaram a lembrança daqueles momentos para o resto da vida (vários dos que lá estavam, passados os anos, me contaram e recontaram esse encontro muitas vezes!). E todos se recordam também da aflição com que a cada quinze minutos, a cada meia hora, a cada hora, seus corações se apertavam, porque chegavam notícias de que o helicóptero, que vinha de um trabalho no interior, ia chegar com atraso; e sabiam que, desde cedo, uma multidão tinha ido por estrada a Aparecida e lá estava aguardando o Padre para rezar com ele. Os comunicados informando que,

---

capa de chuva. Depois do falecimento de Mons. Escrivá, guardou essa capa como uma relíquia de valor inestimável. Tal era a sua devoção a São Josemaria, que não quis desprender-se dela por nada do mundo, e só depois de falecer é que a sua esposa — cumprindo instruções precisas deixadas pelo marido —, doou a relíquia à Obra.

por circunstâncias imprevistas, o helicóptero ainda demoraria caíam como uma sombra. Não se sabia quando conseguiria pousar.

O mais interessante, porém, dessas horas de aperto, é que todos os que lá se achavam se lembram bem da paz, da serenidade, do sorriso — sem o menor sinal de contrariedade ou de impaciência —, com que Mons. Escrivá tomava conhecimento dessas informações. Não dava a menor importância ao atraso para não afligi-los. Mais: fazia questão de intensificar a cordialidade, o humor e a vibração apostólica da sua conversa.

Inicialmente, o almoço desse dia deveria ser ao regressar de Aparecida. Mas, como não pudera haver ainda a «ida», resolveu-se que o Padre voltaria a casa, para lá almoçar, à espera de que, do Campo de Marte, ligassem avisando que o helicóptero já tinha pousado. Mal ia entrando pelo portão, os que lá o aguardavam viram-no sorrir, alegre, enquanto lhes dizia: «O homem propõe, e Deus dispõe!» E aquele almoço improvisado foi outro grande momento de bom humor e de detalhes simpáticos para com todos, sem nenhuma alusão ao contratempo. O Padre não queria que, naqueles seus filhos que haviam organizado a romaria, ficasse a menor sombra de desgosto ou constrangimento.

Assim, o dia das nossas «aflições» ofereceu-nos o retrato de uma alma esquecida de si mesma, de uma alma abandonada nas mãos da Providência e inteiramente voltada para o bem e a alegria dos outros.

Ao refletir sobre esse sucesso, veio-me espontaneamente à memória algo que ouvi o Padre comentar, quando eu estava em Roma: «Muitos dias, ao fazer o exame de consciência à noite, tenho que dizer a Jesus: Senhor, se não pensei em mim; se só pensei em Ti e nos outros!»

A história do atraso terminou bem. Finalmente ligaram do Campo de Marte e o helicóptero pôde levantar voo com os seus passageiros[10]. Mas, a partir daí, continuar este relato seria fazer a crônica de uma romaria, e já ficamos em que não é isso o que aqui se pretende. Só não posso deixar de contar que, de vez em quando, tenho a satisfação de conversar com Milton, o Miltinho, o jovem comandante que pilotou o helicóptero. Hoje está com cabelo grisalho e

---

(10) A romaria foi feita na basílica antiga de Aparecida. No dia 8 de novembro de 2008, o Sr. Arcebispo de Aparecida, Cardeal D. Raimundo Damasceno Assis, abençoou uma estátua de São Josemaria Escrivá, instalada na lateral direita dessa basílica, perto da entrada, a fim de perpetuar a memória dessa romaria feita em maio de 1974.

netos, mas guarda, com uma intensidade que a cada dia aumenta, um potente afeto e devoção por Mons. Escrivá, o santo que em menos de duas horas se tornou o seu melhor amigo, tanto assim que toda vez que fala dele lhe saltam lágrimas dos olhos..., e deixa marejados os olhos de quem o escuta.

26 de maio de 1974
Sítio da Aroeira

25 de maio de 1974
Centro de Estudos Universitários do Sumaré

Capítulo 2

«Senhor, procuro o teu rosto!»

Permanecei no meu amor.
Jo 15, 9

Deus é amor, e quem permanece no amor permanece em Deus e Deus nele.
1 Jo 4, 16

Fiquei com medo

Em dezembro de 1973, fiquei com medo. Vou explicar por quê.

Paradoxalmente, tinha todos os motivos para ficar feliz. Porque, nesse fim de ano de 73, viajei a Roma a trabalho, e lá tive a fortuna de passar três dias e meio em Villa Tevere, convivendo com São Josemaria. Acolheu-me com todo o carinho, já no primeiro dia, e pude observar como se interessava e rezava por todas as pessoas e apostolados da Obra no Brasil. Foram dias em que via o Padre muito de perto, cada manhã no oratório de Pentecostes; também ficava próximo dele nos momentos de vida em família, nas tertúlias, e participava dos diálogos que ele, cheio de «espírito», animava.

Num dia em que o médico o obrigou a permanecer acamado por causa de uma gripe invernal, chamou-me ao quarto, pois queria transmitir-me um recado para os diretores da Obra no Brasil, e lá estive uns instantes conversando, sentado na borda de sua cama. Despedi-me dele no dia seguinte, e teve palavras muito afetuosas para meus pais, que eu iria visitar logo depois em Barcelona... Pois bem. Justamente por tudo isso, por ter estado tão perto do Padre e ter percebido o calor de santidade que, a todo instante, «emanava» dele, é que comecei a ficar com medo...

A explicação? Não é tão simples «explicar». Vou tentá-lo, fazendo um rápido histórico. Nos dois anos já mencionados em que morei em Roma (1953 a 1955), toda a vez que estava perto de Mons. Escrivá (não raramente isso acontecia, como já disse, mais de uma vez por dia), tinha a seguinte sensação: nos momentos em que ficava ao lado do Padre, sentia que Deus «estava» muito perto, diria que se tocava. Penso que sentia

Deus muito próximo de mim porque «captava» — intuitivamente, como que por percepção imediata — que o Padre estava pertíssimo de Deus, «mergulhado» em Deus, sem deixar de manter os pés bem fincados na terra. Isso era contínuo. E, conforme o tempo passava, essa realidade parecia-me mais forte, de tal maneira que, a meu modo de ver, era difícil que o Padre pudesse estar ainda mais próximo de Deus do que já estava.

Após a minha ordenação sacerdotal, voltei a ver São Josemaria de passagem, rapidamente, algumas vezes. A última, antes de 1973, foi em Pamplona, em outubro de 1960 (um ano antes de eu vir para o Brasil), por ocasião da ereção jurídica da Universidade de Navarra. Depois de conversar com ele, numa breve tertúlia de umas poucas pessoas, um arrepio sussurrou-me por dentro: «O Padre cresceu, está mais metido em Deus que quando o vi pela última vez. Parecia impossível, mas é...»

Pois bem, foi esse mesmo sentimento que, como dizia, experimentei em Roma em dezembro de 1973.

Tudo isso trazia-me ao pensamento as palavras de Cristo à samaritana: «Quem beber da água que eu lhe der jamais terá sede, mas a água que eu lhe der virá a ser nele fonte de água, que jorrará até à vida eterna»[1]. A fonte do amor de Deus tinha crescido tanto no Padre, que dava a impressão de estar alcançando o limiar da vida eterna. Expressando-o com reflexão teológica, disse de mim para mim: «O Padre está amadurecendo tanto na união contemplativa com Deus, que o próximo passo só pode ser a visão beatífica, o Céu», ou seja, a morte, a morte de um santo, mas a morte. Entende-se agora por que comecei a ficar com medo?

Mas a coisa não termina aqui. Não pode imaginar o leitor qual foi a minha surpresa quando, em março de 1974, o Pe. Xavier de Ayala, regressando de uma viagem que teve de fazer a Roma, disse-me exatamente, quase com as mesmas palavras, o que eu tinha sentido: «O Padre dá-me medo. A sua vida espiritual é tão alta, que o próximo passo parece que só pode ser a visão beatífica». Fiquei gelado. Eu não tinha comentado com ninguém essa minha impressão, pois tinha pudor de falar da morte do Fundador, e eis que um dos filhos do Padre que melhor o conheceu e que com ele mais colaborou neste mundo, veio a dizer-me a mesma coisa e quase com idênticas palavras.

---

(1) Jo 3, 14.

Não preciso acrescentar que quando, dois meses depois, São Josemaria chegou ao Brasil, essa impressão tão difícil de descrever foi em aumento, até causar-me «vertigem» na alma.

«Você nunca viu ninguém que esteja louco?»

Naquelas jornadas de 1974 em São Paulo, Gilberto Alves tinha umas décadas menos que agora; estava para entrar na universidade e andava também a dar os passos decisivos para iniciar o itinerário da sua vocação no Opus Dei.

Em uma das reuniões familiares de estudantes com o Padre, no Centro de Estudos Universitários do Sumaré, Gilberto pôs-se de pé e perguntou:

— Padre, que quis expressar com aquele ponto de *Caminho* que diz: «Isso — o teu ideal, a tua vocação — é... uma loucura. — E os outros — os teus amigos, os teus irmãos —, uns loucos...»? Como poderíamos viver essa loucura?

Era óbvio, para os que o conhecíamos, que fervilhava nele a inquietação da sua vocação para o Opus Dei. O Padre olhou-o sorridente, com a cabeça um pouco inclinada, como que a dizer: «Estou entendendo o que você quer...» Depois, exclamou:

— Mas..., se você sabe disso muito bem!... Escute, você nunca viu um louco?

Surpreendido, Gilberto respondeu que não.

— Não? Nunca viu ninguém que esteja louco? — estranhou o Padre. — Então, olhe para mim!

Gilberto não pôde conter uma risada, e o Padre continuou:

— Faz muitos anos, diziam de mim: Está louco! Tinham razão. Eu nunca disse que não estivesse louco. Estou louquinho perdido de amor de Deus. E desejo para você a mesma doença. Isto é o que quer dizer esse ponto de *Caminho*. Oxalá você me entenda a tal ponto que seja fiel ao que Deus lhe pedir! Eu bem sei que você...

Com o auxílio da graça de Deus, Gilberto foi como o Padre desejava. E, com o decorrer dos anos, tenho a certeza de que tem aprofundado, como tantos outros, no conhecimento da vida e da santidade do Fundador; e que lhe aconteceu a mesma coisa que a muitos, que ficaram deslumbrados ao caírem na conta de que tinham conhecido um homem que amava a Deus com loucura, que amava a Deus para além dos limites da simples piedade ou da bondade afetuosa, que amava a Deus com a autenticidade e o enlevo do mais «perdido» dos apaixonados.

«A minha alma tem sede do Deus vivo»

Mais de uma vez, naqueles dias brasileiros com São Josemaria, alguns dos que moravam com ele sentiram-se muito «tocados» ao perceberem que, em momentos em que se julgava sozinho e se recolhia em si mesmo, rezava em voz baixa esta invocação do versículo oitavo do Salmo 27 (26): «*Vultum tuum, Domine, requiram*»[2].

O Pe. Álvaro del Portillo e o Pe. Javier Echevarría contaram-nos que, nos últimos tempos, essa jaculatória era cada vez mais frequente no coração e nos lábios do Padre. Ardia em desejos de «ver o rosto de Deus», de ver — diria São Paulo — «Deus face a face»[3]; e repetia também o versículo terceiro do Salmo 42 (41): «Minha alma tem sede de Deus, do Deus vivo. Quando irei e contemplarei a face de Deus?»

Soube que, na meditação de Natal de 1973, poucos dias depois da minha saída de Roma e poucos meses antes de ele vir ao Brasil, expressou mais amplamente o que queria dizer com essas jaculatórias:

— As pessoas que se amam procuram ver-se. Os enamorados só têm olhos para o seu amor.

---

(2) Tradução: «A vossa face, ó Senhor, eu a procuro!»
(3) 1 Cor 13, 12.

Não é lógico que seja assim? O coração humano sente esses imperativos. Mentiria se negasse que me move tanto a ânsia de contemplar a face de Jesus Cristo. 'Procurarei, Senhor, a tua face'. Encanta-me fechar os olhos e pensar que chegará o momento, quando Deus quiser, em que poderei vê-lo, não como num espelho e sob imagens obscuras [...], mas face a face. Sim, filhos, o meu coração está sedento de Deus, do Deus vivo. Quando irei e contemplarei a face de Deus?

Por isso, encarava a morte com uma absoluta serenidade. «Morrer, para um filho de Deus», costumava dizer, «é ir ao encontro do abraço de Deus». «Se me comunicassem: "Chegou a hora de morrer"», escreveu, «com que gosto responderia: "Chegou a hora de viver"».

Um pensamento análogo ouviu-lhe Renzo Sozzi, na última tertúlia ampla que o Padre teve em São Paulo, na tarde de 5 de junho. Esse bom supernumerário[4], que agora deve sorrir-nos lá do Céu, contava ao Padre um problema de saúde que o afetava fazia anos, e perguntava se a psicose de

---

(4) A maioria dos fiéis do Opus Dei é composta pelos membros supernumerários: são geralmente homens ou mulheres casados, para quem a santificação dos deveres familiares faz parte principal da sua vida cristã.

doente não poderia afetar também a vida espiritual. São Josemaria animou-o, contando-lhe detalhes da pior época do seu diabetes:

— Não sei que experiência terá você da doença. Eu tenho um pouco: estive gravemente doente muitos anos, e você vai dar risada da minha psicose... Fiz com que instalassem uma campainha no meu quarto, ao alcance da mão. Disse: pelo menos, toco; e ao ouvir a barulheira, vocês vêm dar-me a Extrema-Unção; porque aquela campainha, uma vez acionada, tinham que ir longe para desligá-la. Chegava a noite e dizia: Senhor, não sei se vou levantar-me amanhã; dou-te graças pela vida que me deres e estou contente de morrer em teus braços. Espero na tua misericórdia. Pela manhã, ao acordar, o primeiro pensamento era o mesmo. E a psicose de doente? Fora! Ia-se embora. E eu sou um pobre homem. Se, com a graça de Deus, eu podia fazer isso, os outros também podem.

Mais um belo testemunho de seu amor a Deus. Receio, porém, que ao contar estas coisas esteja passando uma ideia errada, como se Mons. Escrivá desejasse morrer quanto antes. Não era assim. Ele sempre aceitou a vontade de Deus sobre a morte, fosse qual fosse o momento, mas não «desejava» morrer a não ser quando Deus assim o dispusesse. Repetia com frequência que morrer é «muito cómodo», e movia-nos a desejar viver muitos anos — se essa fosse a vontade do Senhor —, para podermos trabalhar muito pela glória de Deus e o bem das almas.

De resto, parece-me importante lembrar que, se é verdade que a união com Deus só será plena no Céu, já nesta terra pode atingir um grau muito elevado, um nível alto de «amor unitivo» — como diriam os grandes místicos —, que constitui como que uma certa antecipação e pregustação do Paraíso. Quero dizer que, como nos mostram as vidas dos santos, já nesta vida o desejo de «contemplar o rosto de Deus» pode obter resposta, pois podemos vislumbrá-Lo de modo inefável em duas realidades, em dois grandes mistérios cristãos, dos quais desejaria apresentar, nas próximas páginas, alguns traços especialmente vivos na alma de São Josemaria.

O primeiro desses mistérios é o da presença, da «habitação» da Santíssima Trindade na alma que está em graça de Deus. O segundo é o mistério da Eucaristia, que nos faz participar do Sacrifício de Cristo no Calvário, receber o Senhor no nosso peito na Comunhão, e tê-lo sempre perto de nós — Cristo real, Cristo vivo, Cristo amigo! — no Sacrário.

«No céu e na terra»

Comecemos pelo primeiro desses dois mistérios: a Trindade na alma.

Chamou-me a atenção o fato de que, nos dias brasileiros, São Josemaria repetiu com especial insistência, como que para iluminar o sentido da nossa vida, que devemos viver «com a cabeça e o coração no Céu e os pés na terra». E frisava, para deixar clara a ideia: «Temos de estar — e tenho consciência de tê-lo dito muitas vezes — não entre o Céu e a terra, porque somos do mundo, mas no mundo e no Paraíso ao mesmo tempo».

Com frase mais breve, expressava o mesmo pensamento dizendo que os seus filhos deveriam ser «contemplativos no meio do mundo». Não «contemplativos» aéreos, que fujam dos trabalhos, deveres, responsabilidades e lutas no mundo; e menos ainda cristãos que, por estarem mergulhados no mundo, considerem a vida contemplativa como coisa que não lhes diz respeito, como se fosse privilégio exclusivo dos que se retiram para o deserto ou o convento. «Tens obrigação de santificar-te. Tu também — tinha proclamado São Josemaria desde os primórdios do Opus Dei —. Alguém pensa, por acaso, que é tarefa exclusiva de sacerdotes e religiosos?»

Numa das primeiras tertúlias no Brasil, em 24 de maio de 1974, rodeado de estudantes (muitos deles membros da Obra) no Centro de Estudos Universitários do Sumaré, o Padre começou dizendo: — «Meus filhos, estamos no mundo para não sair do mundo. O Senhor quer que permaneçamos bem no meio da rua. O Senhor quer que estejamos no mundo e que o amemos, sem ser mundanos [...], para que, todos juntos no serviço de Deus, procuremos salvar este mundo que parece decidido a perder-se. Vocês têm que ser sal e luz... É preciso que estejam fortes por dentro, para poderem dar a mão a outros e levá-los pelos caminhos de Deus».

Esse «estar fortes por dentro» significava justamente, na pedagogia espiritual de São Josemaria, ser almas que têm vida interior de oração e sacrifício, ser almas contemplativas no meio do mundo, almas que procuram permanecer o dia todo num diálogo com Deus que lhes permita, com a graça divina, «santificar o trabalho, santificar-se no trabalho e santificar os outros através do trabalho». E quem diz trabalho, diz família, diz lazer, diz deveres cotidianos, diz vida social.

Em 27 de maio, um grupo de membros do Opus Dei, profissionais e pais de família já curtidos na vida — juízes, médicos, comerciantes, professores universitários, advogados... —, ouviram-lhe esse mesmo ensinamento:

«Amar a Deus», dizia, «não é difícil. Há alguns que pensam que Deus está longe, longe, longe... Deus está no nosso trabalho cotidiano, no de cada qual, no que fazemos com a cabeça ou com as mãos. Deus está no cumprimento do dever pessoal e das obrigações próprias de cada estado de vida. Deus nosso Senhor, que é um Pai — um Paizão! —, olha para nós com um carinho imenso. E não só não está longe, mas está perto — tão perto! —, que o temos dentro de nós mesmos, no centro da nossa alma em graça, enquanto procuramos viver no seu Amor».

Estas últimas palavras despertam-me, por associação de ideias, a recordação de outras análogas ouvidas de seus lábios em Roma, em 1954:

«Meus filhos, eu a Deus o busco em mim, no meu coração, e vocês devem procurá-lo também no centro da sua alma em graça».

Nesta breve frase há um mar de luz espiritual. Vamos tomá-la como ponto de partida das considerações que faremos a seguir, sobre a presença da Trindade no íntimo da alma fiel.

«Nos nossos corações há habitualmente um céu»

Com estas palavras cheias de beleza — «nos nossos corações há habitualmente um Céu» —,

São Josemaria expressava o mistério da presença da Santíssima Trindade na alma cristã.

É força de expressão? É uma hipérbole devota? Não. É uma das verdades mais fascinantes do cristianismo, que a teologia denomina «a in-habitação da Santíssima Trindade na alma do justo», ou seja, na alma do batizado que está em graça de Deus.

Foi Cristo quem revelou este mistério: «Se alguém me ama, guardará a minha palavra, e meu Pai o amará, e nós viremos a ele e nele faremos a nossa morada»[5]. E acrescentou, falando do Espírito Santo, que a esse «Espírito de Verdade, que o mundo não pode receber porque não o vê nem o conhece, vós o conhecereis, porque permanecerá convosco e estará em vós»[6]. Entende-se o entusiasmo com que São Paulo se fazia eco desse mistério revelado por Cristo: «Não sabeis que sois templo de Deus, e que o Espírito de Deus habita em vós?»[7], e repisava: «Ou não sabeis que o vosso corpo é templo do Espírito Santo, que habita em vós, o qual recebestes de Deus...?»[8].

---

(5) Jo 14, 23.
(6) Jo 14, 17.
(7) 1 Cor 3, 16.
(8) 1 Cor 6, 19.

O Pai, o Filho e o Espírito Santo, a Trindade santíssima, única e indivisível, habita na nossa alma em graça como num templo, como no seu próprio lar. São Josemaria saboreava essa verdade com uma fé incandescente, e compreendia, como o entendem os santos, que o mistério da Trindade nos revela inefavelmente que «Deus é Amor»[9]. Toda a «alma enamorada», como a de Mons. Escrivá, ao vislumbrar esse Amor divino que se une intimamente a nós, vibra de paixão espiritual.

«Este mistério inefável da Trindade!», exclamava em 27 de maio. «É inefável, porque não há palavras capazes de explicá-lo. Quando me acontece — e isso ocorre muitas vezes — fazer a oração pensando na Trindade e na Unidade de Deus, e utilizo para tanto tratados de teologia, se surge em mim um vislumbre, uma luz nova, comovo-me e fico contentíssimo... E quando vejo que não entendo nada, fico ainda mais contente. Digo-Lhe: Senhor, que alegria! Que pequeno serias Tu se coubesses nesta minha pobre cabeça! Dá-me muita alegria render a minha inteligência na presença de Deus, sabendo, além disso, que o tenho na minha alma. É aí que o procuro..., procurem-no também vocês aí».

---

(9) 1 Jo 4, 8.

O carvão e o rubi

«O Pai, o Filho e o Espírito Santo». Quero deter-me um pouco a falar da devoção do Padre ao Paráclito, ao Espírito Santo, o «doce Hóspede da alma». No Brasil, tivemos a fortuna de que a solenidade de Pentecostes — que naquele ano caiu em dois de junho — coincidisse com a estadia do nosso Fundador entre nós. Por isso, vou acrescentar aqui mais um item, complementar do anterior, contendo apenas alguns flashes «brasileiros» dessa devoção de São Josemaria ao Espírito Santo, tal como a vimos e vivemos com ele.

Na véspera de Pentecostes, ou seja, na noite de um para dois de junho desse ano de 1974, Mons. Escrivá, por causa de uma indisposição física, não conseguiu dormir quase nada, «não pregou olho». Era natural que um homem de setenta e dois anos, com a saúde fragilizada, depois de uma noite em claro, tivesse acordado sentindo uma grande fadiga.

Justamente para essa manhã de Pentecostes estava programada uma segunda «tertúlia geral» (a primeira fora no dia anterior, no Palácio das Convenções do Parque Anhembi), para milhares de pessoas de todas as idades — homens e mulheres, solteiros e casados, anciãos e adolescentes... —, que teria lugar no auditório do Palácio Mauá, na Praça João Mendes.

Mas Deus iria mostrar-nos, mais uma vez, como a alma de um santo supera a fraqueza e «arrasta o corpo». Confesso que eu, e muitos outros que conheciam fazia tempo São Josemaria, ficamos assombrados ao verificar que nunca o tínhamos visto tão bem disposto, tão exuberante, tão transbordante de vitalidade e alegria, tão ágil e rápido de pensamento e de palavra, tão cheio de entusiasmo contagiante, como nesse dia de Pentecostes.

Tinha-se a impressão de que o Espírito Santo, na sua grande solenidade, quisera aquecer a alma do Padre com «o fogo do seu amor» e fizera com que, por intermédio dele, essa chama se alastrasse entre aquela multidão de almas, que ali, no Palácio Mauá, vibravam em sintonia com São Josemaria.

Quero sublinhar que o que acabo de dizer tem o valor de um testemunho. Eu estava lá, como mais um na multidão. Mas não foi uma impressão subjetiva. Todos ou a maioria dos que lá nos encontrávamos sentimos e comentamos exatamente a mesma coisa. Descrever o como e o porquê excede a minha capacidade de narração. Lá, sem dúvida, havia uma graça especial.

«Estamos em família», dizia o Padre a uma moça que pedia orientação, «como se estivéssemos você e eu sozinhos, com Nosso Senhor que nos escuta e o Espírito Santo que habita na sua alma e na minha».

Ela tinha-lhe perguntado o que é preciso fazer para ajudar cada pessoa a ser um cristão responsável, e as palavras do Padre exalaram calor de Pentecostes:

«Você tem zelo apostólico e deseja fazer o bem às almas. Peça ao Espírito Santo, neste dia de Pentecostes, que a faça ver com clareza qual é o alimento que deve dar àquela criatura a quem deseja ajudar. *"Veni, Sancte Spiritus!"* — diga-lhe isso hoje —. Vem, Espírito Santo, e ilumina o meu coração e o coração dessa pessoa que amo; dá-me palavras de fogo; faz com que eu possa explicar-me, com "dom de línguas", e ela me entenda; que o que eu explique seja a palavra de Deus, a verdade de Cristo».

Novamente saiu à baila, após outras perguntas, um tema tão próprio da festa como o do apostolado (esse apostolado que deslanchou, com a Igreja nascente, em Pentecostes). Desta vez foi uma senhora, que indagou o que precisávamos fazer para multiplicar a eficácia do apostolado. Na resposta do Padre, viu-se outra vez o lampejo de Pentecostes:

«Minha filha, se alguém lhe fizesse hoje essa pergunta, você, movida pelo Espírito Santo, empregaria as mesmas palavras que Nosso Senhor:

"Pedi e recebereis, procurai e achareis, batei e abrir-vos-ão". Quer dizer que você deve rezar ao Senhor para conseguir toda essa multiplicação de almas que se ocupem dos outros, que sejam uma sementeira de paz, de alegria, de trabalho, de carinho, de compreensão, de convivência, de fraternidade cristã. Você pedirá ao Espírito Santo que venha às almas de todos, e o Paráclito tomará posse das nossas almas — Ele já está vindo — para cumulá-las de alegria, de verdadeiro amor, de realidades de fraternidade».

O dia parecia fazer girar os corações à volta do zelo por levar os outros a Deus. Agora era um juiz, Paulo Restiffe, que queria aprofundar sobre o modo mais eficaz de cumprir esse dever cristão:

«Meu filho, que bom dia hoje para falarmos disso! É verdadeiramente o Espírito Santo quem coloca no seu coração e na sua boca essas perguntas, esses temas».

E São Josemaria espraiou-se então numa resposta que mostrava um traço essencial da mensagem do Opus Dei: recordou-lhe que é dever de todos os cristãos comuns — de todos! — procurar a santidade e o apostolado no meio do mundo; e fez-lhe ver, por outro lado, que o apostolado só pode ser eficaz se for um «transbordamento» da vida interior, do amor de Deus. A resposta, um tanto longa, densa de doutrina, terminou com uma comparação expressiva:

«Todos os cristãos temos a obrigação de ser apóstolos. Todos os cristãos temos a obrigação de levar o fogo de Cristo a outros corações. Todos os cristãos temos de fazer com que se alastre a fogueira da nossa alma.

«Olhe, você e eu somos pouca coisa... No fundo do meu coração, vejo-me como uma espécie de nada. Vamos dizê-lo com uma comparação: vejo-me a mim mesmo como um carvão que nada vale: preto, escuro, feio... Mas o carvão, metido no fogo, se acende e se converte numa brasa: parece um rubi esplêndido. Além disso, dá calor e luz: é como uma joia reluzente. E caso se apague? Outra vez carvão! E caso se consuma? Um punhadinho de cinza, nada.

«Meu filho, você e eu temos de inflamar-nos no desejo e na realidade de levar a luz de Cristo, a alegria de Cristo, as dores e a salvação de Cristo a tantas almas de colegas, de amigos, de parentes, de conhecidos, de desconhecidos — sejam quais forem as suas opiniões em coisas da terra —, para dar a todos um abraço fraterno. Então, seremos rubi aceso, e deixaremos de ser esse nada, esse carvão pobre e miserável, para sermos voz de Deus, luz de Deus, fogo de Pentecostes!»

«A Eucaristia: um pedaço de céu que se abre sobre a terra»

Em 2003, estava eu lendo — com que alegria! — a Encíclica de João Paulo II sobre a Eucaristia, *Ecclesia de Eucharistia*, quando senti bater-me mais forte o coração. Lia o n. 19 do documento, quando deparei com as seguintes palavras: «A Eucaristia é verdadeiramente um pedaço de céu que se abre sobre a terra». Veio-me imediatamente à memória a profundidade com que ouvi São Josemaria falar dessa mesma realidade.

A Eucaristia. Este é o segundo daqueles dois grandes mistérios cristãos que, como comentava acima, nos antecipam na terra, de alguma forma, a união com Deus que será plena no Paraíso.

Descrever o amor à Eucaristia de Josemaria Escrivá — «loucura de Amor», como ele o chamava — ocuparia um volume de muitas páginas. Vou-me limitar aqui, arremedando desajeitadamente São João, a mencionar algumas das coisas «que vimos e ouvimos»[10] nos seus dias brasileiros.

Em primeiro lugar, todos os que convivemos com Mons. Escrivá pudemos observar que o

---

(10) 1 Jo 1, 3-4.

Sacrário, onde Jesus está realmente presente na Eucaristia, o atraía como um ímã. Mal pôs os pés no Brasil, já naquela primeira noite de 22 de maio de 1974, foi imediatamente cumprimentar Nosso Senhor no Sacrário da casa onde iria residir. Deteve-se a contemplá-lo, eu diria que enfeitiçado, e depositou-lhe ao pé, como símbolo do coração, uma camélia vermelha que trazia — oferecida por três casais da Obra — desde que saiu do aeroporto de Congonhas.

Depois, nos dias paulistanos (aliás, como em quaisquer outros dias em qualquer outro lugar), cada genuflexão pausada — adoração amorosa — que fazia diante do Santíssimo Sacramento, cada olhar que dirigia a algum Sacrário, cada tempo de oração mental no oratório, cada visita ao Santíssimo, parecia-nos tornar Jesus «visível», tão palpável era a fé com que o percebíamos «contemplado» e amado por ele.

Ele próprio nos comentou mais de uma vez que se sentia feliz de fazer, diante do Sacramento da Eucaristia, atos de «fé explícita», como o que formulava, por exemplo, numa tertúlia de 27 de maio: «Senhor, creio com toda a minha alma que estás real, verdadeira e substancialmente presente, oculto nas espécies sacramentais, com o teu Corpo, com o teu Sangue, com a tua Alma e com a tua Divindade».

A uma universitária que lhe pediu conselho na tertúlia de primeiro de junho no Parque Anhembi, dizia, em termos semelhantes:

«O sacrário! Ali está Cristo Jesus, o Filho de Santa Maria, sempre Virgem; o mesmo que nasceu naquele presépio; que trabalhou junto de José, de quem aprendeu o trabalho humano; que depois pregou, e padeceu a Paixão, e subiu à Cruz e lá se deixou cravar, por amor, com ferros no madeiro... Esse mesmo nos espera aí. Porque você e eu sabemos pela fé que, oculto sob as espécies sacramentais, está Cristo: com o seu Corpo, com o seu Sangue, com a sua Alma, com a sua Divindade... Prisioneiro de Amor!»

Mesmo quando andava pela rua, o coração ficava-lhe grudado ao Santíssimo Sacramento, e praticava o seu «amoroso costume» de «assaltar» de longe, com atos de amor e adoração, todos os Sacrários que detectava ao avistar o perfil de uma igreja: — «Abro os olhos da alma — dizia em 6 de junho — e, com o desejo, meto-me dentro do Sacrário: louvo o Pai, o Filho e o Espírito Santo; louvo Jesus, Senhor Nosso que está lá presente — "perfeito Deus, perfeito Homem" —, mais oculto que na Cruz».

Revirando para trás as folhas do calendário, vou evocar outro episódio pessoal. Em fins de 1954, um dia, para grande satisfação minha,

Mons. Escrivá convidou-me a acompanhá-lo, a sós ele e eu, pois, como gostava de fazer com todos os seus filhos, queria mostrar-me Villa Tevere, sede central da Obra, e as obras de reforma em andamento. Ao entrarmos no escritório do Padre, indicou-me à direita uma porta fechada, que tanto podia dar para algum cômodo anexo como ser a porta de um armário embutido. Abriu-a e, para surpresa minha, vi que dava acesso a uma pequena tribuna, suspensa no alto da parede do fundo do Oratório da Santíssima Trindade, o oratório do Padre. Daquela tribuna, sem ter que sair do escritório, enxerga-se perfeitamente o Sacrário. Entendi logo. Era óbvio. O Padre, mesmo enfronhado no estudo dos diversos assuntos de sua responsabilidade, sentia a necessidade de estar perto de Jesus na Eucaristia e até mesmo de poder olhar diretamente para o Sacrário e falar com Nosso Senhor enquanto trabalhava.

Uma presença inefável

Citava antes palavras de João Paulo II: «A Eucaristia é verdadeiramente um pedaço de céu que se abre sobre a terra».

São Josemaria «via» isso com a fé. São Josemaria «vivia-o». Faz parte da fé na Eucaristia a certeza de que a presença real de Cristo nesse

Sacramento, quer no altar após a Consagração, quer no Sacrário, traz consigo necessariamente a presença de toda a Trindade, pois as três Pessoas divinas são inseparáveis, e onde está o Filho — Jesus, Deus e homem verdadeiro — lá estão também o Pai e o Espírito Santo.

Mas o sentido teológico e o dom de sabedoria que o Espírito Santo infunde nos santos faziam com que São Josemaria tivesse uma fé muito viva em que, onde está Cristo, o Verbo Encarnado, está também o Céu inteiro. Muitas vezes nos falou, por exemplo, da sua certeza de que, à volta de Jesus Eucaristia, durante a celebração da Missa, e depois no Sacrário, encontram-se os Santos Anjos; por isso, agradecia-lhes sempre «a corte que fazem ao Senhor», essa companhia que, de certa forma, compensava a pena que ele experimentava por não poder estar a toda a hora acompanhando-o fisicamente.

No final da sua estadia no Brasil, Deus concedeu a São Josemaria a graça de perceber com especial nitidez uma verdade que já outrora vislumbrara. No dia 5 de junho, às vésperas da sua partida para a Argentina, contava essa experiência mística (no sentido cristão e autêntico dessa palavra) a um grupo de filhos seus mais velhos.

Estava conversando sobre a Eucaristia e pôs-se a explicar-nos, com especial alegria, que no

Santíssimo Sacramento, junto de Jesus, «não devem andar longe Maria e José; de uma maneira inefável estarão presentes ali, em todos os Sacrários da terra».

«Esta», acrescentava, «é uma consideração que fazíamos um ao outro o Pe. Álvaro e eu, há poucos dias. Estávamos sozinhos no oratório. E foi o Pe. Álvaro, a meu pedido, que tocou no tema: uma conversação espiritual... É imponentemente belo! Tratar com a Trindade do Céu e com a 'trindade da terra' (Jesus, Maria e José), com a mesma confiança com que trato com vocês, meus filhos».

Como costumava acontecer, as luzes recebidas de Deus amadureciam rapidamente na alma de São Josemaria, de tal modo que acabava achando a maneira de enriquecer com elas outras almas, oferecendo-lhes sugestões espirituais concretas. Foi isso que se deu também com essa «descoberta».

No seu último dia completo em São Paulo, 6 de junho, antes do almoço, o Padre estava rezando conosco umas preces habituais na Obra. Sempre, ao acabá-las, costumava levantar-se, subir ao estrado do altar e, de lá, estendendo as mãos, dar-nos a bênção. Assim o fez nesse dia; só que, antes da bênção, quis dirigir-nos umas palavras que ganharam o valor de um «testamento» espiritual:

«Queria deixar-lhes uma lembrança do meu carinho, porque é a última vez que, por esta temporada, estou materialmente com vocês. Com o desejo, em espírito, estarei sempre.

«Quando vierem dizer ao Senhor, talvez sem ruído de palavras: "Senhor, eu te amo, creio que estás aqui"; nesses momentos, louvem também a Santíssima Trindade, o Pai, o Filho e o Espírito Santo, e invoquem Maria e José, porque de alguma maneira estarão presentes no sacrário, como o estiveram em Belém e em Nazaré. Unam à presença eucarística de Jesus a Trindade Santíssima e lembrem-se da trindade da terra: da Mãe de Cristo e daquele varão perfeitíssimo, São José. Sem palavras, mas com um latejo do coração. Não se esqueçam!»

Gravamos essas palavras numa placa discreta, que está colocada atrás do altar daquele oratório do Sumaré, «*ad perpetuam memoriam*». E o leitor pode compreender a alegria que experimentamos quando o Papa João Paulo II, na sua Encíclica sobre a Eucaristia, se referiu explicitamente à presença especial de Maria, e à do Céu inteiro, junto do sacramento eucarístico: «Maria está presente, com a Igreja e como Mãe da Igreja, em cada uma das celebrações eucarísticas. Se Igreja e Eucaristia são um binômio indivisível, o mesmo é preciso afirmar do binômio Maria e

Eucaristia» (n. 57). E a Eucaristia, ensina também o Papa, «une o Céu e a terra», «exprime e consolida a comunhão com a Igreja celeste», «é um raio da glória da Jerusalém celeste, que atravessa as nuvens da nossa história e vem iluminar o nosso caminho» (nn. 8 e 19).

Essa grande fé do Padre já se tinha manifestado de modo tocante numa Missa que celebrou no domingo, dia 26 de maio, no Centro de Estudos Universitários do Sumaré, para um grupo grande de filhos seus. Tive a fortuna de ser um dos sacerdotes que estiveram, nessa Missa, junto do Padre no altar. Não vou fazer a crônica da celebração. Só faço questão de declarar que me caíram as lágrimas quando, antes da distribuição da Comunhão, vi São Josemaria olhar amorosamente para as espécies consagradas, e, falando com Jesus ali presente, dizer aos seus filhos, a fim de prepará-los para receber o Senhor:

«Meus filhos, não deixem Cristo sozinho. Estendam os braços e digam: aqui estou eu também, com gesto de sacerdote, sem fazer tragédia!... Há, já na terra, um pequeno Céu. Sobretudo se cultivamos o trato com Jesus e se, neste mês de Maria, vamos a Ele por sua Mãe, com São José. Acostumem-se a procurar a intimidade de Cristo com a sua Mãe e com o seu pai, o Patriarca Santo, pois então vocês terão o que Ele quer que tenhamos: uma vida contemplativa. Porque estaremos, simultaneamente, na terra e no Céu, tratando as coisas humanas de maneira divina, sem tirá-las dos seus eixos.

«Senhor!», concluía esse trecho da alocução, «estás vendo o que fazemos: amar-Te. Bem vês o que fazemos: encher-nos de promessas, de bons propósitos, de pena por não termos sabido corresponder ao teu Amor, por ter-Te ofendido [...]. Eu, Senhor — acrescentava depois —, peço-Te perdão pelas minhas culpas, pelos meus pecados; e peço-Te que me ajudes a servir-Te como Tu queres ser servido. Senhor!, ainda que a minha pobre vida seja tão miserável como a do filho pródigo, eu volto, voltarei sempre, Senhor, porque Te amo. Não me abandones!»

26 de maio de 1974
Centro de Estudos Universitários do Sumaré

1º de junho de 1974
Palácio das Convenções do Anhembi

CAPÍTULO 3

A Jesus, por Maria, com José

Jesus disse ao discípulo: Eis a tua Mãe.

Jo 19, 27

Jesus desceu, então, com seus pais para Nazaré e era-lhes obediente.

Lc 2, 51

Uma imagem entalhada

Era o dia 30 de maio. Eu, seguindo o conselho de Mons. Escrivá de procurarmos não interromper a vida normal, estava trabalhando no escritório que habitualmente usava na época. Mons. Escrivá tinha saído, por volta das dez da manhã, para se reunir com algumas das suas filhas. Só reparei que tinha regressado quando ouvi a sua voz e a do Pe. Álvaro muito perto. Mal tinha tido tempo de me levantar para ver o que acontecia, quando São Josemaria, o Pe. Álvaro, o Pe. Javier, o Pe. Ayala e alguns outros entraram naquele escritório.

Depois de cumprimentar com o olhar a imagem de Nossa Senhora que lá se encontrava, o Padre sentou-se, inesperadamente, do outro lado da mesa. Em cima dela encontrava-se um cartão de Natal, que eu deixara lá em dezembro, representando a Sagrada Família. É uma reprodução fotográfica em cores que mostra, sobre um fundo verde escuro, uma imagem entalhada em madeira, canadense, das figuras de Nossa Senhora e São José andando, de mãos dadas com o Menino, que caminha no meio deles.

Visivelmente surpreso e com ar de felicidade, São Josemaria disse logo que, desde fazia muitos anos, gostava de imaginar assim — caminhando de mãos dadas — a Sagrada Família: «Quantas vezes tenho falado disso!»

A partir daí, o pequeno cartão foi o ponto de partida de vinte minutos inesquecíveis, que me permito descrever com certo detalhe, visto que eu fui o involuntário «provocador» da cena.

O Pe. Xavier de Ayala, ao ouvir esse comentário do Padre, lembrou que nós tínhamos guardada, à espera de destino, uma autêntica talha em madeira de quase meio metro de altura, que representava a Sagrada Família exatamente desse modo.

Em questão de minutos, a imagem — feita por um artesão português do Porto — estava sobre a mesa, diante dos olhos do Padre.

«Ah!», disse ele brincando. «É um tesouro que vocês tinham escondido e não me queriam mostrar!»

Olhava as três figuras como que cativado. Contemplava devagar cada detalhe. Sorria acariciando o narizinho arrebitado do Menino, e as figuras da Mãe e de José. Vendo na base gravado o nome do entalhador, comentou: «Vê-se que, ao fazê-la, pôs nela tudo o que sabia, e toda a sua piedade»...

A partir daí não saberia descrever com propriedade o que vimos. Num silêncio respeitoso, expectante, percebíamos que o Padre mergulhava numa oração sem palavras, numa oração contemplativa: olhos, alma, mente, coração, fala interior sem ruído de voz. Com que silêncio de ternura mirava e remirava a Sagrada Família! Com que delicadeza estendia as mãos à volta «dos três», como que a abraçá-los brandamente, quase sem neles tocar, como se detinha em contemplação sorridente!...

Quando São Josemaria saiu daquela sala, procuramos rememorar alguns dos comentários que tinha deixado cair:

«Eu faço puerilidades na intimidade, com os meus filhos», dissera, «e também quando estou só; se bem que eu nunca estou só... É preciso ver as coisas com olhos de piedade..., não só com o coração, mas sempre com o coração...»

Tratou-se nesse dia também sobre o destino da imagem, que hoje está — como o Padre sugeriu — em um Centro dedicado especialmente ao trabalho apostólico com pessoas casadas, e onde ao vê-la é fácil rezar «aos três», pedindo-lhes que abençoem e santifiquem as famílias.

Sempre com «os três»

Depois de relatar o episódio singelo da imagem, neste item, como já se deduz pelo título, quero deter-me um pouco a falar do convívio que São Josemaria tinha com a Sagrada Família, Jesus, Maria e José. Uma intimidade que, nos seus dias brasileiros de 1974, se manifestou com particular intensidade, a ponto de que o segundo sucessor do Fundador à frente do Opus Dei, D. Javier Echevarría — que, como já disse, esteve aqui conosco junto de Mons. Escrivá — pôde asseverar que esses dias na América constituíram o «ponto alto» do itinerário ascendente da sua devoção à Sagrada Família[1].

Evoquemos alguns «quadros» dessa devoção.

Muitas vezes, com um sorriso santamente cúmplice nos lábios, São Josemaria comentou-nos que já se tinha transferido para o lar de Nazaré, e que lá morava o tempo todo «com os três». — «Não é um fingimento», esclarecia, «não é uma coisa de imaginação, pôr-se no lar de Nazaré...»

Foi isso que fez na primeira noite que passou no Brasil. Em 23 de maio, após a Missa e o café da manhã, com aquela simplicidade sua tão difícil de descrever, abriu-nos a alma. Contou-nos que, desde que tinha acordado, bem cedo, tinha procurado situar-se em Nazaré como uma criança de que a Virgem Maria cuidava. Lembrou-nos que, quando éramos garotinhos, também nós, ao acordar, a primeira coisa que fazíamos era chamar pela mãe; e que conversávamos com ela enquanto nos arrumava, e nos vestia, e nos dava a mamadeira. A mesma coisa podemos fazer — é o que ele fazia — com a nossa Mãe do Céu.

Sugeria-nos então que o acompanhássemos num propósito que tinha formulado naquele mês

---

(1) Cf. Javier Echevarría, *op. cit.*, p. 241.

de maio: «Não separem nunca a devoção a José da devoção a Maria... A Jesus, por Maria, com José: tiraremos este fruto do mês de maio».

Dias depois, numa reunião com casais, Alberto Sugai, ao lado da esposa Selma, depois de alegrar o Padre contando-lhe que tinham dez filhos, perguntou-lhe:

— Padre, a Virgem Maria é Medianeira de todas as graças. Como aumentar o nosso amor à Virgem?

— Como é que você aumenta a amizade com uma pessoa? Intensificando o trato com ela!... A Mãe de Deus ouve-nos lá do Céu. É uma mulher, a mais perfeita que saiu das mãos do Criador, que a escolheu para ser sua Mãe. Mas também é Mãe tua e minha, e escuta-nos quando lhe falamos. Não é um faz de conta! A mim, custa-me pouco...

Interrompeu-se, perguntou as horas, e comentou o que seguramente estariam fazendo os seus filhos em Madri, cidade de onde tinha partido para o Brasil, após estar lá de passagem uns poucos dias... Via-os como se fosse num filme:

«Pois é assim que imagino a Mãe de Deus na casinha de Nazaré, com São José e com o Menino Deus, e faço-lhes companhia. Se a mim me custa pouco pensar naqueles meus filhos de Madri e amá-los mais, para você também será fácil pensar nEla para amá-la mais, e invocá-la, rezar o Terço com devoção...»

Conselhos análogos, pedaços da sua própria alma, deu muitos, como o que escutou uma estudante, no Centro da Alameda Rio Claro (num sobrado posteriormente demolido). Ela tinha perguntado sobre a melhor disposição para chegar a um grande amor de Deus, e São Josemaria respondeu:

«Minha filha, a humildade e o abandono nas mãos de Nosso Senhor, através de Santa Maria. Maria é o caminho para ir a Jesus. Mas Maria nunca está só. Você vá a Ela com José, o Patriarca... Faça-se amiga da Sagrada Família, Jesus, Maria e José. E quando alguma coisa lhe custar mais, pense que está trabalhando com eles. Eu faço-o muitas vezes, e gosto de estar assim com os três: com Jesus, Maria e José. E assim estou na terra e no Céu. Na terra, porque Maria e José são criaturas, mas criaturas que estão com o seu Criador, Jesus, e estar com Jesus é estar no Céu. Se você aprofundar nisso, vai virar teóloga...»

Em outra ocasião, dando os mesmos conselhos, mostrava qual era o norte, o terminal de arribada dessa devoção:

«Acostumem-se a procurar a intimidade com Cristo juntamente com a sua Mãe e com seu pai, o Patriarca santo, pois assim vocês terão o que Ele quer que tenhamos: uma vida contemplativa».

A devoção a Maria e a José — assim sempre o ensinou São Josemaria, em sintonia com a Igreja — é o caminho mais rápido e doce para chegar a Deus: para ir a Jesus e, por Ele e com Ele, ao Pai e ao Espírito Santo.

«São José, a quem tanto quero»

Se você tem idade para tanto e já teve ocasião de estar com São Josemaria, ou se assistiu a alguma das muitas reportagens filmadas de tertúlias e catequeses do Fundador do Opus Dei, deve ter reparado que nunca, ou quase nunca, mencionava o nome de São José sem acrescentar: «a quem tanto quero», «a quem amo tanto».

Jesus disse que «a boca fala daquilo de que o coração está cheio»[2]. Por isso, São Josemaria não se cansava de falar com amor do Santo Patriarca. Muitos detalhes ofereciam-lhe a ocasião de ensinar caminhos novos e velhos de devoção àquele que Deus escolheu para fazer as vezes de pai de Jesus.

---

(2) Mt 12, 34.

Num dos primeiros dias em São Paulo, reparou, por exemplo, num pequeno quadro que o Pe. Ayala tinha adquirido, e que estava no escritório contíguo ao quarto que ocupava. O quadrinho despertou-lhe viva devoção:

«No quarto onde trabalha o Conselheiro, há um quadrinho pequenininho, muito gracioso, antigo, que representa o trânsito de São José. Representa São José, com a Virgem Santíssima de um lado, o Senhor — Jesus, Senhor nosso, que o ajuda a morrer — do outro, e no alto, o Pai e o Espírito Santo, que o aguardam. Que maravilha!

«É preciso amar São José: deixem que lhes diga isto. Quero repeti-lo por toda a parte: neste mês de maio, especialmente dedicado a Santa Maria, temos que ir a Jesus, por Maria, com José. Porque..., como vamos separar a família?

«O Senhor, desde toda a eternidade, escolheu a que ia ser sua Mãe, e a cumulou de graças, de privilégios, de formosura. Depois de Deus, ninguém mais excelso do que essa criatura que se chama Maria. Pois bem, também escolheu aquele que devia aparecer como seu pai, aquele que o deveria alimentar, que teria de cuidar dEle: São José. É coisa certa que, dentre as criaturas, não há ninguém superior a Maria; mas, depois de Maria, São José: em grandeza de alma, em virtudes e em poder. Invoquem-no muito. Tenham muito carinho por ele».

Qualquer bom teólogo que tenha aprofundado na «teologia de São José» pode atestar que, nessas frases tão simples e em outras análogas, se encerram algumas das verdades mais altas da teologia sobre o Santo Patriarca.

Mais um detalhe daqueles primeiros dias. O Padre tinha o costume de usar, na pequena agenda que trazia no bolso da batina, fichas de papel reaproveitado (papéis recortados de folhas parcialmente usadas), em que anotava breves reflexões, citações de algumas frases litúrgicas do dia, ideias que lhe surgiam para fazer oração, para escrever ou para pregar.

Em uma reunião com algumas das suas filhas, no centro situado à rua Martiniano de Carvalho, puxou dessa agenda e, com ar de quem vai contar um segredo, extraiu dela um pedacinho de papel escrito de seu punho e letra em tinta vermelha:

«Tudo o que escrevo sai de papeizinhos assim, milhares de papeizinhos: escrevo neles por qualquer lado. E esta manhã..., vamos ver, vamos ver o que escrevi...

«Tenho como coisa certa que, depois de Maria, a criatura mais perfeita é José. E disso se gloriam os Profetas, e os Patriarcas, e os Apóstolos.

E nos alegramos todos os filhos de Deus, irmãos de Jesus Cristo, e filhos deste Pai e Senhor, José, o Patriarca».

Era tão patente esse seu carinho por São José que, em quase todos os encontros com ele, sempre havia alguém que queria puxá-lo da língua para que falasse mais sobre o «tema»:

— Padre — perguntava um dos seus filhos em 23 de maio —, é exato pensar que São José, depois de Jesus, foi a pessoa que mais amou a Virgem nesta terra?

O rosto do Padre iluminou-se de alegria:

— Ah! Já te contaram! Estou persuadido de que a criatura mais bela é Santa Maria — mais do que Ela, só Deus —, mas imediatamente depois vem São José. Não podem estar separados... São José é uma figura excelentíssima, cheia de eficácia e cheia de humildade... A Mãe de Deus, com todas as suas excelências, tinha também esta virtude: a sua submissão, a sua devoção a São José, que era o Patriarca, que era o chefe da casa... A Mãe de Deus faria questão de viver assim. E São José ficaria cheio de vergonha. Eu quereria tratá-la — muito de longe, porque sou uma pobre criatura — com um pouquinho do amor de José e da confiança com que ele a tratava.

Como um personagem mais

Acho que vale a pena encerrar este capítulo com um aspecto do «trato» que São Josemaria mantinha com a Sagrada Família, e especificamente com São José, relatando uma última manifestação desse seu amor.

Todos os dias, São Josemaria costumava rezar o Rosário inteiro (na época eram três Terços, quinze mistérios), e detinha-se uns momentos, antes de rezar o Pai-nosso e as Ave-Marias, para a contemplação — calma e bem «saboreada» — de cada cena.

Já em 1934 deixou a sua experiência sobre essa devoção estampada no livro «Santo Rosário», onde vai meditando cada um dos quinze mistérios. «Vem comigo — convida o leitor na Introdução — e viveremos a vida de Jesus, Maria e José [...]. Contemplaremos, loucos de Amor — não há outro amor além do Amor —, todos e cada um dos instantes de Cristo Jesus».

Nos seus dezessete dias brasileiros, em 1974, todos os que o acompanhávamos mais de perto pudemos «apalpar», por assim dizer, a riqueza e a intensidade crescentes com que vivia essa contemplação.

Evocando este aspecto, dá alegria ler, passados tantos anos, na Carta Apostólica de João Paulo II

Rosarium Virginis Mariae — «O Rosário da Virgem Maria» (2002) —, as seguintes palavras: «Recitar o Rosário nada mais é que contemplar com Maria o rosto de Cristo [...]. O Rosário é uma oração marcadamente contemplativa».

Era assim que sempre o vivera o Padre e, em 1974, atingiu cumes muito altos.

Já no dia 23 de maio pela manhã, seu primeiro dia inteiro no Brasil, em reunião familiar com as suas filhas encarregadas de administrar a casa onde residiu, começou fazendo uma confidência sobre o seu modo de contemplar os mistérios do Rosário, meditação que nesses dias tinha como meta especial não separar José de Maria ao considerar cada uma das cenas («A Jesus, por Maria, com José»):

«Quando rezo, e contemplo os mistérios gozosos, introduzo São José quase sem reparar», dizia às suas filhas. E ilustrava-o com um exemplo muito concreto, o do segundo mistério gozoso, a Visitação de Santa Maria à sua prima Santa Isabel, cena tantas vezes representada em quadros e gravuras: Maria e Isabel, inundadas pela alegria do Espírito Santo, abraçam-se, como diz o Evangelho. Pois bem, a respeito desse mistério, comentava: «A Santa Isabel, sempre a representam abraçando Santa Maria». E acrescentava, com convicção: «São José estava também lá, tenho certeza!»

No dia seguinte, 24 de maio, a fim de obedecer à prescrição médica de caminhar uma hora por dia, convidaram o Padre a fazer esse exercício à tarde, no Jardim Botânico. Já tinham rezado pela rua, no carro, diversos mistérios do Rosário. No regresso, São Josemaria recolheu-se em oração e os que o acompanhavam ficaram também em silêncio. O carro deteve-se à espera da luz verde do semáforo que fica em frente do monumento aos Bandeirantes, junto do parque do Ibirapuera. De repente, São Josemaria rompeu o silêncio, com visível alegria, e contou aos que estavam com ele:

«Acabo de ver como meter São José também nos mistérios dolorosos!»

Era um desejo que tinha, era uma meta piedosa que procurava e que até então não conseguira atingir. «Pôr» São José nos mistérios gozosos é fácil: sempre está perto ou ao lado de Maria. Nos mistérios gloriosos também, uma vez que José já tinha falecido e estava no Céu, e ali, no Céu, é fácil imaginá-lo acolhendo Jesus ressuscitado no dia da Ascensão, e depois Maria gloriosamente assunta e entronizada por Deus como «*Regina Sanctorum omnium*», Rainha de todos os santos. Mas os mistérios dolorosos...

A solução que a sua piedade contemplativa lhe inspirou tem a simplicidade da «infância espiritual» e a beleza do amor que não desiste, daquele amor do qual diz Santo Agostinho que «*vacare non potest*», não pode ficar ocioso. Dias depois da exclamação feita no carro, explicou-nos em casa:

«E nos mistérios dolorosos, quando São José não está presente na morte de Jesus? Então eu digo: Ponho-me no seu lugar (como se ele fosse São José, acompanhando as cenas da Paixão). Pronto! Ajuda-me muito. É uma pequena "esperteza" que lhes ensino, que não é fazer o papel de idiota. Isso é ter coração de homem, e eu não me envergonho de tê-lo...»

Mais um comentário, apenas. Há um tipo de alegria que só uma alma muito de Deus pode sentir e valorizar. São Josemaria, como todos os santos, tinha um amor que «não se conformava», que sempre queria crescer. Por isso andava constantemente à procura de uma nova delicadeza, de uma nova ideia criativa, capaz de livrar a alma do perigo esterilizante da rotina. O que acabo de contar é uma manifestação disso.

Precisamente porque vivia assim, o Padre pôde segredar a alguns de seus filhos no final de maio: — «A São José não devemos separá-lo de Jesus. E eu fico comovido porque, na minha idade, aos setenta e dois anos, posso dizer — com tanto amor a São José — que o descobri neste mês de maio: as suas grandezas!»

25 de maio de 1974
Centro de Estudos Universitários do Sumaré

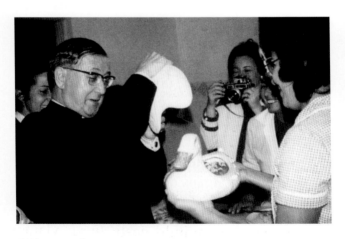

31 de maio de 1974
Centro Social Morro Velho

Capítulo 4

«Caridade, alegria, paz»

> *Este é o meu mandamento: amai-vos uns aos outros, assim como eu vos amo.*
>
> Jo 15, 12

Capaz de verdadeiro amor

O Papa Bento XVI termina a sua Encíclica sobre o amor cristão, *Deus caritas est*, com uma bela invocação a Nossa Senhora: «Santa Maria, Mãe de Deus [...]./ Mostrai-nos Jesus./ Guiai-nos para Ele./ Ensinai-nos a conhecê-lo e amá-lo,/ para podermos também nós/ tornar-nos capazes de verdadeiro amor/ e de ser fontes de água viva/ no meio de um mundo sequioso».

No segundo capítulo deste livro, víamos que a raiz mais profunda da alma de São Josemaria era um amor apaixonado por Deus, uma verdadeira «loucura de amor». Por isso podia amar os outros «com o amor de Deus», um amor que refluía, como água viva, em forma de amor ao próximo. Sempre vibrou com o mandamento novo de Nosso Senhor: «Amai-vos uns aos outros, assim como eu vos amo. Ninguém tem maior amor do que aquele que dá a vida por seus amigos»[1]. E nós, os que tivemos a graça de conviver pouco que seja com ele, o «vimos» viver dia a dia esse mandamento novo, ao ritmo do bater do coração.

Ele próprio disse mais de uma vez que — por pura mercê de Deus, que julgava imerecida —, se de alguma coisa podia pôr-se como exemplo, era de ser «um homem que sabe querer bem». «Para amar, não temos dois corações», dizia-nos em 30 de maio, «só temos um coração», e acrescentava — como o fizera antes inúmeras vezes — que, com o mesmo coração com que tinha amado seus pais e seus irmãos, ele amava a Deus, a Santíssima Virgem, São José... e, com esse mesmo e único coração, nos amava também a nós, seus filhos e filhas, e todas as almas.

Quando penso nestas coisas (recordando, como num *trailer* cinematográfico, incontáveis

---

(1) Jo 15, 12-13.

detalhes do seu carinho), vêm-me à cabeça as palavras com que São Paulo começa a enumeração dos frutos do Espírito Santo: «O fruto do Espírito é caridade, alegria, paz...»[2]. Lembro-me, concretamente, destas palavras por uma razão muito simples. Porque São Josemaria unia, numa síntese indissociável, o carinho, a alegria — impregnada de bom humor — e a paz das almas simples: caridade, alegria, paz. E tudo «fundido e compenetrado» com o pulsar corriqueiro da vida diária, das tarefas cotidianas, do tique-taque dos minutos que se sucedem sem sobressaltos na sequência normal dos dias.

A sua caridade — «carinho humano e sobrenatural», como a chamava — fluía, irradiava, com absoluta naturalidade, impregnando cada pequena fibra da vida cotidiana. Haveria que registrar, por isso, dia após dia, hora após hora, o convívio com ele para compreender cabalmente o que era a sua doação aos outros: simples, constante, repleta de Deus, crepitante de alegria e ressumando calor humano. Como isso, evidentemente, não é possível, neste capítulo limitar-me-ei a apresentar alguns *flashes*, algumas «peças» — pequena amostragem — do

---

(2) Gl 5, 22.

magnífico mosaico da sua caridade: quadros breves do cotidiano, nas semanas em que esteve no Brasil.

A normalidade de uma vida em família

Quem imaginar um Mons. Escrivá mais ou menos solene, de alto coturno, arvorando-se em autoridade ou subido num pedestal, pode apagar essa imagem, porque a realidade era completamente diferente.

Comentei acima que, junto de Mons. Escrivá, eu — como acontecia com tantos outros — me sentia muito perto de Deus. Além de me sentir envolvido pela «segurança do sol da fé», experimentava literalmente, naqueles momentos, a paz do filho de Deus que não teme nada nem ninguém.

Agora vou acrescentar que talvez os momentos em que eu me tenha sentido mais «à vontade» na vida, mais contente, mais livre de espírito e sem nenhum constrangimento, foram as horas que passei junto de São Josemaria. A seu lado, estava-se «em família», estava-se com o «pai» — o «Padre» —, envolto em confiança, cercado por um carinho sem cerimônia artificial, sabendo-se compreendido, querido e — quando preciso — desculpado, mesmo ao ser corrigido. Tudo isso era, ao mesmo tempo, perfeitamente compatível com o nosso respeito por ele, com a veneração, a prontidão em ouvi-lo e aprender, com a alegria em secundá-lo e obedecer.

Confiança e respeito; espontaneidade, liberdade e obediência; compreensão e exigência; fortaleza e mansidão... Podem coisas aparentemente tão contrárias ser vividas simultaneamente? Todos os clássicos de espiritualidade frisaram sempre que justamente um dos sinais mais claros de santidade é a harmonia entre virtudes e atitudes que parecem contraditórias e até incompatíveis na vida de uma mesma pessoa.

Mas vamos já começar trazendo à luz, de início, algumas das «peças» mais simples do mosaico. No final deste quarto capítulo, proponho-me mostrar outros quadros mais densos de afeto e coração.

* * *

Era um dos primeiros dias aqui em São Paulo. No meio de uma conversa familiar, o Padre perguntou quando costumávamos ter o Círculo, um meio de formação tradicional de que participam os fiéis da Obra — leigos e sacerdotes — todas as semanas. O Pe. Xavier de Ayala respondeu:

— Segunda-feira, Padre.

O Pe. Álvaro del Portillo completou a pergunta:

— Segunda-feira, a que horas?

Ao que o Pe. Ayala respondeu, com uma delicada reticência, como querendo apenas sugerir o horário, mas não determiná-lo:

— Às dez horas... Poderia ser às dez...

— Quando for — retrucou imediatamente o Padre —; à hora que for, e eu lá estarei «como um prego», como os outros. É a minha obrigação e a minha alegria.

Essa era a sua atitude habitual. Acomodava-se ao horário da casa em que morava, como mais um; obedecia às determinações gerais da ordem da casa como mais um; consultava o diretor do Centro como mais um. Já o vimos acima «obedecendo», sem interferir com palpites ou vontade própria, quando se tratou de organizar a romaria a Aparecida.

Assim foram todos os dias da sua estadia no Brasil. Na última noite, dia seis de junho — véspera da sua partida, a caminho de Buenos Aires —, após o jantar, as saudades antecipadas tomavam conta de todos os que estávamos com ele na sala de estar. Desejaríamos inventar algum truque, achar alguma desculpa para prolongar aqueles momentos. Pois bem, nessa última tertúlia, quando chegou a hora em ponto em que, nos dias normais, se costumava encerrar essa última reunião de família, o Padre perguntou:

— Que horas são?

— Nove e meia, Padre — disse o Pe. Álvaro.

— Pois então, vamos à normalidade, sem fazer nenhuma coisa fora do comum: agradaremos ao Senhor se fizermos o que é de todos os dias. Não façam nada de especial. A quem tiver que sair cedo amanhã, dou-lhe já agora a bênção e dois beijos. Se não, amanhã. Que Deus os abençoe, meus filhos!

* * *

O leitor pode imaginar como foi a alegria de vários dos membros da Obra mais antigos do Brasil, ao reencontrarem o Padre, após bastantes anos de não vê-lo.

Já na noite do dia vinte e dois de maio, o Pe. Jaime Espinosa, o primeiro sacerdote do Opus Dei a vir para o Brasil, em 1957, teve a felicidade de cumprimentar São Josemaria assim que chegou à casa do Sumaré, vindo do aeroporto. No dia seguinte, vinte e três de maio, logo de manhã, alguns outros se apressaram a ir a essa casa onde o Padre ficou hospedado, ansiosos por rever Mons. Escrivá. Um deles era o Pe. Rafael Llano Cifuentes, que por vários anos tinha trabalhado em Roma junto do Padre.

Mal o cumprimentou, ganhou um par de beijos paternos «à italiana» (Mons. Escrivá adquirira, após tantos anos, costumes romanos), e São Josemaria começou a cantarolar baixinho uma canção popular que lhe cantava, carinhosamente, naqueles tempos de Roma: «*Timida è la bocca tua, timida come un bel fior*...»

O Pe. Rafael comoveu-se, e não conseguiu conter as lágrimas. Era uma brincadeira que o Padre lhe fazia em Roma, aludindo às dimensões não muito pequenas da sua boca, especialmente quando a abre, ao rir ou ao sorrir, como uma bandeira que se desfralda.

Mais tarde, após o almoço, o Pe. Álvaro voltou a lembrar a canção e as lágrimas. E o Padre deu seguimento à simpática brincadeira com o Pe. Rafael, que tem vários irmãos membros do Opus Dei e muito parecidos fisicamente com ele, dizendo:

— Lembro-me de que uma vez havia muita gente. Vi um... e disse-lhe: você é fulano! E ele: sim, mas como é que me conhece?

— Pela boquinha! — disse-lhe. — Você se lembra?

— Toda a família pela boca — respondia, rindo, o Pe. Rafael —, e pela canção, Padre. A que me cantou hoje pela manhã e que me fez chorar.

* * *

Outro motivo de carinho e humor foi a coincidência de que, entre os da Obra que naqueles dias o Padre encontrava com frequência, havia vários que ostentavam uma altura bem superior à média. Desde o começo, São Josemaria começou a chamá-los «cedros do Líbano» e a perguntar o que comiam para crescerem tanto.

Entre eles estavam Antônio Augusto Dias Duarte e seu irmão Fernando. Encontrando o primeiro, no dia vinte e seis, à saída do Centro da Rua Turiassu, o Padre disse-lhe com humor, elevando para ele o olhar: «Você está com os luzeiros, com as estrelas, e eu cá em baixo na terra». Pequenos detalhes como esse davam pé a outros pormenores alegres, que eram sal da vida familiar.

Assim foi que, no dia cinco de junho, estando o Padre a passear com alguns de seus filhos no terraço do Centro de Estudos Universitários do Sumaré, voltou a admirar vários «cedros do Líbano»: «Como vocês são altos!»

Lá se achava também uma figura simpática, Benedito Montenegro, que chamava a atenção pelo contrário: era baixinho. Sabendo da sua bonomia, o Pe. Xavier aproveitou a alusão aos «cedros» para mexer com ele e dizer:

«Inclusive Benê, também é alto!»

Logo, logo o Padre saiu, com calor, em sua defesa:

«Sim, senhor, também é alto».

Inclinou-se e, abaixando-se, beijou-o delicadamente na testa: «Vocês veem, ele me alcança, chega até aqui. Não viram que me alcançou? Logo, também é alto, é alto!»

A simplicidade de um pai com os filhos

O Opus Dei é família, e tem o cálido ambiente familiar que o Fundador lhe imprimiu. Era bonito ver a toda a hora a simplicidade familiar do Padre com seus filhos. Nós a experimentamos e a desfrutamos em São Paulo. Já os pequenos «flashes» anteriores a deixam vislumbrar. Vamos tentar contemplar mais algumas peças do mosaico.

O Padre não dava a mínima importância — já o vimos — aos seus problemas de saúde. Jamais perguntou, em nenhum momento, quais eram os remédios que lhe davam, nem para que serviam as análises frequentes, nem quais os resultados delas. Fazia o que lhe prescreviam, e pronto. Mas, quando se lhe oferecia alguma oportunidade inocente de aludir à saúde com uma tirada de humor, aproveitava-a para caçoar.

No dia vinte e três de maio estava terminando a primeira tertúlia com os seus filhos do Centro de Estudos Universitários do Sumaré. Pergunta vai, pergunta vem, o ambiente aqueceu-se até atingir um tom de intimidade e contentamento difícil de descrever. Quando foi preciso encerrar a tertúlia, no fim da tarde, o Padre brincou: «Hoje já ganhei o jantar. Mas vou jantar pouquinho... Vocês querem saber o que vou comer ao jantar?»

Ao burburinho afirmativo, respondeu explicando, divertido: «Pois, vão-me dar verdura sem sal, sem azeite; mas está muito gostosa, muito boa. Tão boa, que o Pe. Xavier aderiu à minha dieta. E depois, não sei se me darão uma omelete de um ovo ou coisa que o valha... E depois, costumo tomar meia fruta. Ontem comi uma dessas bananinhas pequenininhas, tão graciosas, que vocês têm aqui, e depois... *Pax Christi!*»

A dieta voltou à baila num outro contexto significativo, onde ganhou um sentido especial essa brincadeira que, em si mesma, era intranscendente.

Já narrei antes os contratempos da romaria a Aparecida, planejada para a manhã de 28 de maio. Durante o almoço que foi preciso improvisar, à espera de que avisassem que o helicóptero estava a postos, o Padre fez de tudo — como acima relatei — para aliviar o possível desgosto causado no Pe. Ayala, Emérico da Gama, Alfredo Canteli e outros que haviam organizado a viagem, pelo atraso tão inesperado. Achou um jeito de desviar a atenção, à base de «gozar» do regime de comida que lhe davam, fingindo jocosamente que era uma penitência que lhe impunha o Pe. Xavier:

«Olha como me trata o Conselheiro», dizia, como quem reclama, dirigindo-se a Gaspar Vaz Pinto, que participava do almoço. «Só me dá verduras, só verduras às refeições!» O tom de voz e a risada franca do Padre fizeram Gaspar cair também no riso, coisa que o Padre aproveitou para continuar a caçoada afável. Olhou para o Pe. Xavier e apontou-lhe com «malícia» o risonho Gaspar, dizendo: «Veja, veja como ele dá risada!» O riso contagiou-se e passou a dominar o ambiente. Qualquer possível gelo estava quebrado.

É um detalhe mínimo, talvez alguém comente que isso são, como diria Guimarães Rosa, «ossos de borboleta». Mas eu fico pensando como seriam felizes, imensamente felizes, as famílias e os ambientes de trabalho, se todos tivessem habitualmente esses detalhes insignificantes, essas santas «nonadas» que o Padre sabia ter.

* * *

Lembro-me bem de que, no final do dia cinco de junho, eu me senti envergonhado por dentro. Todos os dias tinham sido muito apertados de trabalho para o Padre, mas nesse dia, já perto do final da estadia, reconheço que alguns de nós «abusamos» da sua generosidade sem limites.

A pauta desse dia foi inacreditável, capaz de esgotar um garoto esportista. Eu me senti particularmente culpado porque, quase no fim do dia, sem ter pensado muito — nem ter sequer consultado o Padre! —, resolvi, movido pelo entusiasmo, convidar de improviso um casal amigo — Sérgio e Heloísa Lunardelli — para serem recebidos por Mons. Escrivá. Mais uma visita não faz diferença, pensei indelicadamente. O casal e eu, depois que o Padre os recebeu, ficamos felizes. Mas logo percebi que, naquele dia concreto, «fazia diferença», pois era como que a gota a mais que fazia transbordar um copo cheio. Deixamos o Padre realmente cansado, eu diria que esgotado.

No meio desse acúmulo, São Josemaria não deixou de seguir o seu plano de vida espiritual.

Jamais o desleixava: o tempo reservado para Deus era sagrado. Chegou a hora de rezar o Terço, oração que sempre fazia no oratório, diante do Sacrário. Nesse dia, o programa atochado de tarefas obrigou-o a atrasar essa norma de piedade. Depois de rezá-lo com o Pe. Álvaro e o Pe. Javier Echevarría, saiu do oratório e parou um momento no vestíbulo que está próximo do local. Agarrava o terço, apertando-o contra o peito, com ar um tanto desolado. Alfredo, que passava casualmente por lá, deteve-se junto ao Padre. Com olhar compungido, São Josemaria disse apenas:

«Hoje, tocamos um pouco o violão».

Alfredo compreendeu. Mais de uma vez, na sua catequese, São Josemaria serviu-se da comparação dos antigos namorados, que tocavam a viola e cantavam em baixo da janela da namorada. E, ainda que de vez em quando se distraíssem e não reparassem no que estavam a dizer, só o fato de continuarem lá a tocar e a cantar já era expressão do seu amor — comentava o Padre. Aplicava a imagem justamente à recitação do terço que, por vezes, pode parecer monótona ou inútil devido às distrações involuntárias; mas que, rezado fielmente — mesmo que distraidamente —, com desejo de honrar a Virgem, equivale a uma serenata de apaixonado.

«Tocamos um pouco o violão». O cansaço impedira-o de pôr toda a atenção que desejava. E o Padre, com a maior simplicidade, confidenciava isso a um seu filho..., sem reclamar de nada nem de ninguém, nem aludir, queixando-se, ao cansaço...

* * *

Simplicidade de pai com os filhos. Um último detalhe.

Autorizados pelo Pe. Álvaro, gravamos, num sistema caseiro de videotape hoje obsoleto, várias das tertúlias.

Todos achamos que tinha ficado muito bem a gravação do encontro com milhares de pessoas no Parque Anhembi, em primeiro de junho. E imaginamos como seria bom assistir ao vídeo junto com o Padre.

Mas não nos atrevíamos a propor-lhe isso, para não magoar a sua humildade. Sabíamos que ele trabalhava, dava o sangue, dava o couro, mas depois esquecia com elegância tudo o que tinha feito; gostava de aplicar à sua pessoa a frase evangélica: «Somos servos inúteis, só fizemos o que tínhamos obrigação de fazer»[3]. Por isso,

---

(3) Lc 17, 10.

temíamos que a proposta ferisse a sua modéstia. Quem não conhecesse São Josemaria dificilmente acreditaria que, mal acabava uma dessas memoráveis reuniões, que comoviam centenas ou milhares de pessoas, o Padre não falava nada sobre o que acontecera, a não ser para louvar alguma pessoa simples que, no encontro, tivera palavras edificantes.

Foi precisa a insistência do Pe. Álvaro e um argumento de peso para convencê-lo. Após reiteradas negativas, o Pe. Álvaro falou-lhe da alegria que nos proporcionaria se aceitasse assistir ao vídeo, pois nós achávamos que ficara muito bom e até estávamos orgulhosos da gravação. Como era para não deixar frustrados os seus filhos, muito a contragosto aceitou. E a sessão teve lugar no dia seis de junho, véspera da partida, pela manhã.

Eu o vejo como se fosse agora. Sentado numa cadeira, em frente ao aparelho de TV, notava-se logo que não se achava à vontade. Remexia-se na cadeira. A toda a hora olhava para trás, para nós, com jeito encabulado, como que a dizer que aquilo não valia a pena, que era uma grande tolice... E ia entremeando comentários: «Mas, que coisas diz esse tipo (*qué dice ese tío*)?», «Que vergonha!», «Mas, vocês não estão morrendo de tédio?»...

Essa simplicidade de pai, que consente no capricho dos filhos e não se constrange de mostrar-se meio sem graça diante deles, a mim tocou-me a alma. Talvez o leitor ache que o episódio não passou de uma minipeça do mosaico. Para mim, garanto que não foi. Comovi-me. Como ficaram comovidos o Pe. Álvaro, o Pe. Javier, o Pe. Ayala, Emérico, José Maria Córdova..., e quase todos os que estávamos lá.

* * *

Aliás, foi nesse mesmo dia seis de junho que o Padre esteve observando o «requinte» com que uma das araras que na época estavam no jardim comia um pedaço de fruta: com uma pata mantinha-se aprumada num galho; com a outra, levantava graciosamente a fruta até a altura do bico e a ia consumindo com bicadinhas de leve na ponta.

Não que aquele jardim fosse um minizoológico. Dava-se a circunstância de que, fazia pouco, um médico de Belém do Pará enviara as duas aves vistosas ao seu colega e amigo José Luís Alonso, e estavam à espera de destino definitivo. Uma delas pousava no galho de uma quaresmeira, visível da janela do quarto ocupado por Mons. Escrivá, e foi essa que ele gostou de contemplar, apreciando as suas «virtudes»:

«Esses pássaros são engraçadíssimos. Agora está comendo não sei que coisas, com toda a sua elegância. Comem melhor do que muitas pessoas».

Por contraste, achou interessante o modo contundente de comer que tinha Pelópidas. Esclareço que era um jabuti macho, tartaruga solenemente lenta, que perambulava pelo pequeno jardim. Postada diante de uma banana, escancarava a boca e abocanhava um bom pedaço com a força de uma tenaz de aço; repousava uns instantes, e a tenaz novamente desferia o golpe sobre a banana. Mons. Escrivá, observador, reparou nessa voracidade *slow motion*, e puxou do seu bom humor:

«Que mordidas dava ontem à banana! Que barbaridade! Tem a língua como a de um menino».

Divertia-se com miudezas. Admirava a beleza e a graça do insignificante. Entremeava suavemente o divino e o humano. Sabia alegrar os seus filhos, ora enlevando-os com as realidades mais divinas, ora distraindo-os com as pequenezes de uma arara e uma tartaruga.

Carinho, solicitude, confiança

Em 1954, cinco meses depois de eu ter chegado ao Colégio Romano da Santa Cruz, tivemos um retiro. Cada dia, Mons. Escrivá dava-nos duas das quatro meditações programadas. Nunca esqueci a força, o calor, a ênfase com que, ao falar-nos da fraternidade, frisou que o amor cristão, reflexo do de Cristo, jamais poderia ser «caridade oficial», como a que recebia aquela jovem noviça que, doente e acamada, chorava, e, quando o Padre lhe perguntou: «Irmã, que acontece, não se sente bem tratada?», ela respondeu: «Aqui tratam-me com muita caridade..., mas a minha mãe tratava-me com carinho». Ao chegar a este ponto, São Josemaria levantou a voz e exclamou: «Caridade oficial, não! Carinho!»

Como já observamos, ele era o primeiro a viver assim o amor aos seus filhos e a todas as almas. Vamos entrar um pouco mais a fundo nesse amor-carinho, vislumbrando-o em mais alguns detalhes da sua estadia no Brasil, que o revelam.

* * *

Mais uma vez, vou evocar uma lembrança do primeiro dia brasileiro, vinte e três de maio. Na tertúlia daquela tarde com rapazes, Francesco Langone — estudante de biologia — perguntou-lhe como fazer para que todas as pessoas pudessem caber dentro do nosso coração.

«Você que pensa?», foi a resposta. «Que o coração humano é pequenino e nele cabe uma família, e mais nada? Todos cabem. Você vai ver como é fácil. Se não se afasta da intimidade com Jesus, Maria e José; se procura ter vida interior; se é homem de oração; se trabalha, porque, se não, não há vida interior..., então o coração se alarga.

«Essa pergunta», continuou, «fazia-a eu a mim mesmo ao princípio. Era jovem demais, tinha vinte e seis anos, graça de Deus e bom humor. Mais nada. E dizia: Meu Deus, que tenho de fazer?... Porque me via assim e pensava: Senhor, e quando formos muitos, que acontecerá? Porque agora eu lhes quero tanto! Mas, quando formos uma multidão? Agora já somos muitos, muitos, muitos, e o coração se fez grande, grande, à medida do Coração de Cristo, no qual cabe toda a humanidade e mil mundos que houvesse... De modo que fique tranquilo, meu filho. Esse pensamento indica que você sabe amar os seus irmãos».

* * *

Dias depois, num desses momentos de bate-papo de poucas pessoas após uma refeição, o Padre sentiu o impulso de abrir o coração com os que lá estávamos:

«Eu lhes quero com toda a minha alma. Não desejaria que as suas mães os amassem com mais ternura do que eu, e sou um homem. Queiram-se bem! Tenham carinho entre vocês! O Senhor gosta desse carinho limpo, que passa pelo seu Coração e pelo Coração de sua Mãe, porque é carinho de verdade, carinho que nos faz sentir as alegrias e as dores dos outros».

São Josemaria sabia «querer». O seu amor não era um amor superficial nem um eflúvio sentimental. Era «carinho humano e sobrenatural», ou seja, tinha profundas raízes no amor de Deus, e raízes humanas num coração grande e cálido. Tratando do mandamento novo da caridade, certa vez escreveu: «O nosso amor consiste em venerar a imagem de Deus que há em cada homem. A caridade com o próximo é uma manifestação do amor de Deus».

Esse mesmo pensamento — «venerar» os outros, vendo Deus, vendo Cristo neles —, brotou-lhe espontaneamente numa conversa informal com cinco ou seis pessoas no alpendre da casa de Convívios Sítio da Aroeira (Santana de Parnaíba), no dia vinte e seis de maio. Um engenheiro jovem, José Luís Díez, contou-lhe o itinerário pelo qual Deus, por linhas aparentemente desconexas, o levara a descobrir a sua vocação para o Opus Dei. E o Padre:

«São caminhos de Deus, que nos espera em todos os momentos da nossa vida. Causa-me muito respeito a alma de cada um dos meus filhos. Cada um de vocês é um prodígio divino. Não joguem fora as graças de Deus...»

Confesso que a mim, que estava lá presente, essa frase me deu muito o que pensar: «Causa-me muito respeito a alma de cada um dos meus filhos».

* * *

Detalhes desse carinho paterno havia tantos, que polvilhavam as horas que vivíamos junto dele. Escolho a seguir alguns outros, pequenos mas emblemáticos.

O Padre interessou-se por um pé de café plantado no jardim da casa onde estava hospedado. Nunca tinha visto café ao natural. Jorge Kawamura, médico nissei perito em plantas e jardins, fez questão de oferecer ao Padre alguns ramos de café atulhados de frutas vermelhas. Um dia mostrou-lhe alguns, mas, receando que perdessem o viço, esperou por uma data mais próxima à partida, para que Mons. Escrivá os pudesse levar consigo. Foi assim que, em quatro de junho, Jorge apareceu com novos raminhos de café numa bandeja. Ia entregá-los ao Padre, quando este, de repente, inclinou-se e — apesar da resistência do interessado — estampou um beijo em cada uma das mãos que seguravam a bandeja: «Amor com amor se paga», disse, «e vocês têm tantos detalhes de carinho para comigo!»

Era para ficar desconcertado, com um calor de emoção e agradecimento na alma. Esse mesmo calor filial é o que deve ter sentido o Pe. Alípio Castro quando, no final de uma tertúlia com alguns dos seus filhos mais velhos, o Padre se deteve diante dele, o abraçou e lhe disse de pronto: «Necessito do teu carinho e da tua oração».

* * *

Para cada um, abria e dava o coração inteiro, como as mães.

José Carlos de Souza Lima, baiano legítimo de alma e corpo, soube também o que é emocionar-se.

Naquela época José Carlos, professor da Universidade de São Paulo, dava aulas no curso noturno da Faculdade de Economia e Administração. As noites de maio, em São Paulo, por vezes são bastante frias. Uma vez em que o Padre, por causa do frio, brincava com o «tópico do trópico»[4]

---

(4) «Tópico» no sentido de lugar-comum.

enquanto punha uma malha, alguém comentou-lhe que o Zeca, como bom baiano, era mais sensível à queda de temperatura. Tanto bastou para que passasse a «preocupar-se» com ele.

Na manhã posterior a uma dessas sessões de aulas noturnas do José Carlos, ao vê-lo pela primeira vez, o Padre saudou-o com alegria. O Pe. Álvaro perguntou-lhe se tinha chegado muito tarde:

— Não, Pe. Álvaro; às dez e meia.

E o Padre, a seguir:

— Ontem à noite o tempo estava bem frio!

— Eu estava muito bem agasalhado, tranquilizou-o José Carlos.

— Eu fico com as minhas rezas — contou o Padre — até quase meia-noite. E ontem lembrava-me deste filho. Pensei: com este frio que faz, pobre criatura, andando por essas ruas vazias...

O seu interesse, o carinho e a oração, estendiam-se também às famílias. No caso, à mãe do José Carlos que, segundo soube, estava com uma doença que lhe produzia dores intensas. Numa carta ao filho, a mãe dizia-lhe que oferecia esses sofrimentos pelos frutos espirituais da estadia de Mons. Escrivá no Brasil e nos outros países da América, e pedia que o Padre rezasse por ela e a abençoasse. Quando o Padre soube disso, agradeceu de todo o coração e passou a rezar diariamente por ela:

— Ter uma mãe assim é uma graça de Deus... Peça-lhe que continue a rezar. Anime-a. E que Deus a abençoe.

«Estou-me apoiando nos meus filhos»

No dia vinte e três de maio, pensou-se que um bom lugar para Mons. Escrivá se exercitar na caminhada diária prescrita pelos médicos podia ser o Bosque do Morumbi. E para lá se encaminharam, convidando, como se fazia todos os dias — a pedido do Padre — dois ou três mais jovens da Obra, que assim poderiam conversar descontraidamente com ele.

No percurso escolhido, havia uma ladeira que ficara lamacenta com as chuvas recentes. Alguém advertiu o Padre de que tomasse cuidado para não escorregar, e ele, agarrando-se ao braço dos dois que o ladeavam, retrucou: «Não vê que me estou apoiando em dois filhos meus? Apoiado nos meus filhos, eu atravesso um abismo e não me acontece nada».

* * *

Apoiava-se mesmo, e muito! Especialmente, apoiava-se com plena confiança na oração dos seus filhos e nos sacrifícios que eles, e outras muitas pessoas, ofereciam para que Deus abençoasse o seu trabalho sacerdotal. Quer dizer, vivia com fé, com fé mesmo, a Comunhão dos Santos.

José Luís Alonso, o médico — já mencionado — que em 1957 veio começar o trabalho do Opus Dei, não conhecera o Padre antes de vê-lo no Brasil. Por diversas circunstâncias, passaram-se longos anos sem que se encontrassem.

— Padre — dizia-lhe —, tive que esperar vinte e três anos para conhecê-lo, mas teria esperado cinquenta. Estou feliz!

— Pois, olhe: se você me conhece — respondia o Padre —, terá que rezar muito pelo Padre, porque deve ter visto que está cheio de defeitos. Portanto, peça ao Senhor que me ajude a tirar pelo menos algum. E, se você o pede, Ele me concederá isso. É esta bendita união, esta Comunhão dos Santos. Ajude-me, meu filho! Ajude-me a ser bom. Você conhece-me pouco; se convivesse mais comigo, veria ainda mais defeitos.

* * *

Enquanto São Josemaria esteve no Brasil, recebemos frequentes chamadas telefônicas dos diretores do Opus Dei que, em Roma, conviviam e trabalhavam com ele. Interessavam-se pela sua saúde, pelo andamento da sua primeira «catequese» sul-americana, e reiteravam que procuravam acompanhá-lo com muitas orações.

Quando houve a primeira ligação, foi o Pe. Álvaro quem a atendeu, e o Padre, mal soube disso, fez chegar aos de Roma o seguinte recado:

— Diga que me lembro deles com todo o carinho! Que não nos abandonem!»

A seguir, dirigindo-se às pessoas a quem se estava dedicando naqueles momentos, acrescentou:

— Eu não sei, mas acho que vocês devem estar notando este afeto sobrenatural e humano que há entre nós... — e, mudando de leve a direção da conversa, dirigindo-a a nós, prosseguiu: — ... porque vocês sabem passar por cima de pequenezes. Se não, seríamos bobos. Não tenham nunca pequenezes entre vocês: abram o coração, digam as coisas com simplicidade uns aos outros, com lhaneza, e tudo se conserta, tudo se esclarece. E, se amamos o Senhor assim, somos os homens mais felizes da terra.

* * *

Outras vezes, muitas, São Josemaria lembrava-se espontaneamente dos de Roma, imaginava o que naquele momento estariam fazendo e transportava-se até junto deles com a imaginação e a oração:

«É o que fazemos quando temos uma pessoa no coração. O que devem ter feito os nossos pais, quando estavam apaixonados e ficavam longe um do outro... Que estarão fazendo os de Roma nestes momentos? Vamos ver!... (aí o Pe. Álvaro comentou que lá deviam ser dezenove e trinta, hora do jantar)... Com um pouco de imaginação, até sei o que vão comer no jantar. Posso acompanhá-los, e até ficar um pouco bravo com algum que come pouco... Estou lá com o coração, e é natural».

Ao perceber esses detalhes, entendia-se bem o que, em outra hora, nos pedia:

«Que vocês se queiram bem, de verdade! Eu compreendo perfeitamente a pregação única que fazia São João, já ancião, quando dizia: *"Filioli mei, diligite alterutrum"*, meus filhinhos, amai--vos uns aos outros. Que haja carinho entre vocês, que saibam conviver... Têm que ser, uns para com os outros, como irmãos mais velhos, mas irmãos mais velhos afetuosos, com sentido de responsabilidade». Era o apelo à união, à comunhão, que leva a desdobrar-se para ser apoio humano e espiritual dos outros.

Nesse mesmo sentido, falando com um grupo de suas filhas mais velhas na Casa do

Moinho, perto de Cotia, movia-as a fazer bons propósitos:

«Vocês sabem o que dizia São João, quando era velhinho? Olhavam para ele como uma relíquia: era o discípulo amado, o único que restava, porque todos os outros, que se haviam repartido pelo mundo, tinham sido martirizados. Os fiéis seguiam João, e ele não dizia outra coisa senão isto: *"Filioli mei"*, meus filhinhos, *"diligite alterutrum"*, querei-vos uns aos outros... Vamos ver qual de vocês chega mais alto no caminho de Deus. Chegará mais alto aquela que for mais humilde, a que servir melhor as suas irmãs. E servir é fazer as coisas em proveito das outras, de tal maneira — com tal delicadeza — que quase nem percebam, para que não nos tenham que agradecer».

Pais, mães, irmãos

Os homens de Deus, justamente porque participam do amor divino, transmitem amor. Acabamos de ver isso, focalizando cenas do amor do Padre pelos seus filhos. Desejaria agora completar essas passagens, referindo alguns episódios que refletem esse mesmo amor sacerdotal e paterno alastrando-se até os corações das famílias dos seus filhos. Uns poucos relatos podem dar uma ideia do que aconteceu com muitas outras pessoas.

* * *

Começo evocando uma voz suave e triste, que se dirigiu ao Padre na tertúlia da manhã do sábado 25 de maio. Era dona Renata Cavalieri, uma mãe cheia de fé, gratidão e... preocupação, que queria um conselho:

— Padre, tenho uma filha na Obra, e outra filha que não tem fé e é muito rebelde. Que devo fazer?

— Sente-se, minha filha. Essa sua filha está batizada?

— Sim, Padre.

— Pois, então, a sua filha tem fé! — explicou-lhe, então, que a fé nos é infundida por Deus no Batismo, mas que, por vicissitudes da vida, às vezes fica como que abafada sob camadas de dúvidas, de influências negativas, de maus exemplos; mas que Deus pode reavivar essa fé e, por assim dizer, fazê-la ressurgir das suas cinzas. Reze», animava-a, «que a sua filha irá para a frente. É preciso que você diga à Mãe de Deus, com seu coração de mãe: Minha Mãe, eu sofro porque a minha menina se afastou de ti e da doutrina do teu Filho; faze com que ela tenha luz suficiente!

Move a sua vontade para que faça uma boa confissão! Pouco a pouco ela ficará limpa, purificar-se-á, e aparecerá uma fé sólida, abundante... — voltava a referir-se às más influências que podiam ter prejudicado a filha: — Pobrezinha! Ela não tem culpa. Ela voltará! Você vai ver! Você e eu rezaremos, e ela voltará!

E assim foi.

Passaram-se muitos anos, mas ela voltou. Sua irmã Zezé, agradecendo a Deus o favor alcançado através de São Josemaria, narrou com detalhe o longo processo da conversão, que terminava assim:

«Em 1999, vinte e cinco anos após a vinda de Mons. Escrivá, teve um agravamento no seu estado de saúde e começou a ser tratada por um especialista. Nessa ocasião, quis voltar a ir à Missa dominical. Confessou-se na paróquia e passou a comungar semanalmente. Rezava o terço todos os dias e fazia outras orações...

«No dia 19 de abril de 2002 teve que ser internada, com uma febre muito alta. No dia 22 a febre caiu e os médicos iam dar-lhe alta em dois ou três dias. Ainda no hospital, comungou com muita devoção no dia 23 pela manhã. Rezava ao Fundador do Opus Dei, e tinha uma estampa dele com relíquia em baixo do travesseiro. Olhava e beijava muitas vezes o crucifixo e dizia que amava muito a Deus, e que tinha muita pena de Jesus, que morreu crucificado por nós. Beijava também a medalha escapulário de Nossa Senhora que usava, e dirigia-nos a todos palavras de carinho... e de despedida. Eu não entendia essas despedidas, pois estava para ter alta; por isso, disse-lhe que logo iríamos para casa e depois a levaria à praia. Mas ela repetia: "Não, eu pedi a Deus que me leve para o céu e irei para lá". Para imensa surpresa de todos nós, faleceu inesperadamente naquela mesma tarde. Os médicos estavam sem palavras: um tromboembolismo pulmonar, imprevisível e irreversível, causou-lhe a morte. Deus a quis levar, preparadíssima, para junto de Si.

«Atribuo a São Josemaria Escrivá o longo processo da conversão da minha irmã, por quem ele disse que rezaria, prevendo com segurança a sua conversão muitos anos antes de que acontecesse».

* * *

Agora é uma mulher casada, que pertence ao Opus Dei e tem um filho na Obra, quem nos conta a sua experiência feliz. O relato é de 1974, como todos os outros que vêm a seguir.

«O meu marido não gostava de falar da vocação do nosso filho. Foi participar de uma tertúlia com Mons. Escrivá e ficou comovido pela compreensão, carinho e ternura com que o Padre tratava a todos. Depois de tantos anos de eu rezar, uma só tertúlia com o Padre o tinha mudado por completo. À saída, dizia:

«Temos cinco filhos. Demos um a Deus, à Obra, mas o Opus Dei não empurra ninguém, não rouba as pessoas; quem entra na Obra faz isso por convicção, por vocação. É algo maravilhoso estar a serviço de Deus! Orgulho-me de ter um filho no Opus Dei; não é coisa que deva esconder».

* * *

Palácio Mauá, 2 de junho, festa de Pentecostes. Já mencionamos que o auditório estava abarrotado. Num ambiente que logo se tornou extremamente familiar, uma mãe dirigiu ao Padre estas palavras:

— Padre, como posso amar a vocação da minha filha Elzinha para a Obra?

— Olhe, minha filha: eu sou um homem de muito pouco gancho. Não sei apanhar as almas e arrastá-las para o Opus Dei. Eu fecho as portas. De maneira que fique tranquila: se as portas do Opus Dei se abriram para a sua filha, é porque ela, com a ajuda de Deus, as empurrou. Portanto, deve estar muito satisfeita, porque a vocação da sua filha é uma coisa sobrenatural. Não é coisa de imaginação nem de entusiasmo passageiro. A sua filha disse sim, e você vê isso com alegria. Eu lhe peço que, com o seu coração de mãe, ajude e abençoe a vocação da sua filha, e dê graças a Deus. Deus a abençoe.

Os que estávamos lá perto no auditório vimos que, durante a conversa, a filha ia traduzindo à mãe as palavras de São Josemaria. Ao acabar, emocionou-nos contemplar o longo abraço, misturado com lágrimas, que mãe e filha se deram. Tenho certeza de que a filha, Elza Giannico, todas as vezes que se lembra desse momento, continua a ação de graças que iniciou naquele dia de Pentecostes em uníssono com a sua mãe.

* * *

No mesmo auditório, Lourdes Peixoto, estudante de Direito, perguntou a Mons. Escrivá o que fazer para que os seus pais vissem que a vocação dela era «um presente de Deus, o presente mais maravilhoso que Deus me deu, e que com isso eles devem estar muito felizes».

— Tenho certeza de que seus pais estão muito contentes com a sua vocação... Você tem que ser oportuna, carinhosa. Por que não lhes demonstra mais carinho que antes? Por que não é mais obediente que antes? Manifeste-lhes — porque é um dever de cristã — carinho, respeito, obediência, afeto, sacrifício alegre e... o sorriso da sua boca. Já amamos muito seus pais. Por que não lhes conta sinceramente que me perguntou isso?

— Meu pai está aqui, ao meu lado.

O pai levantou-se, muito emocionado, e ouviu o Padre dizer à filha:

— Pois diga-lhe que lhe quero muito. Aos dois, a papai e a mamãe. Eles estão entusiasmados com a sua vocação e fazem muito bem em «provar» você um pouquinho.

O pai foi meu amigo até que Deus o chamou deste mundo. E a filha sabe que, embora nunca se tivesse oposto à sua vocação, desde aquele encontro com São Josemaria ficou tomado de entusiasmo, um entusiasmo pela vocação da filha e pelo Opus Dei que nunca arrefeceu e que fazia questão de comentar com todos, a tempo e destempo.

* * *

Agora são dois irmãos, já mencionados anteriormente. Fernando Dias Duarte conta o que aconteceu:

«Com meu irmão Augusto[5], que também é da Obra, fui buscar os meus pais para acompanhá-los até o Sumaré. O Padre ia recebê-los particularmente, e custava-lhes acreditar nisso. Minha mãe repetia: "Isto é uma graça muito grande, mas muito grande mesmo".

«O Padre recebeu-nos. Esbanjou carinho, e nós, emoção. A impressão daquele tempo em que permaneceu conversando conosco é indelével. Não posso esquecer a expressão de meu pai, quando recebeu dois beijos: seus olhos encheram-se de lágrimas. Ao sairmos da casa, comentou:

«O Padre é um homem de Deus. Eu o vi, com meus próprios olhos. Como fala com o coração, e como chega ao coração! E, ainda por cima, deu-me dois beijos. Gostaria de saber quem é que não chora».

Eu também tive a fortuna de conhecer esse pai, o bom sr. Roberto — que viveu até ultrapassar os noventa anos —, e essa mãe, e posso atestar que a maior alegria de suas vidas, uma alegria que encheu os seus corações de um imenso contentamento e agradecimento até à velhice

---

(5) Ambos os irmãos ordenaram-se sacerdotes, em anos diferentes, e o mais velho — D. Antônio Augusto Dias Duarte — é atualmente bispo auxiliar do Rio de Janeiro.

e a morte, foi que Deus tivesse chamado os seus filhos para o Opus Dei.

* * *

Esta última história que vou incluir aqui conta-se por si mesma. Basta-me transcrever a carta que a mãe de Luis Antônio Campos enviou ao filho, quando o Padre ainda estava em São Paulo, e que ele, gentilmente, e com o consentimento da mãe, dona Antonieta Campos, me autorizou a transcrever:

«Meu querido filho Luis (meu querido filho azul):

«(Sim, realmente posso ver você como é... Azul... azul... maravilhoso).

«Depois de sete anos, posso olhar seus olhos e dizer: Realmente foi melhor assim, realmente tinha que ser assim...

«Poder ver uma cruz, uma igreja sem sentir dor no coração. Sim, realmente sentir que não me roubaram você, que você tinha que ir, que seu mundo é maravilhoso...

«Você, meu filho, é um privilegiado (Seus olhos são azuis, você todo é azul, você é a tranquilidade e a paz).

«Adorei o Padre. Ele me devolveu você, e um Deus que tanto amo.

«Luis, realmente procure seguir os ensinamentos dele. Ele é o próprio amor, ele é o amor de Cristo.

«Sua mãe».

* * *

Com estes episódios, encerro os *flashes*. Ficamos de iluminar algumas peças do mosaico, que pudessem dar uma ideia, ainda que incompleta, do conjunto. Reunidas umas poucas delas, confio em que permitam pelo menos vislumbrar, na alma de São Josemaria, os traços característicos da santidade cristã que São Paulo enumera entre os primeiros frutos do Espírito Santo: caridade, alegria, paz.

Partida para Aparecida no Campo de Marte
28 de maio de 1974.

Rezando o Rosário com seus filhos
na Basílica antiga de Aparecida.

26 de maio de 1974
Sítio da Aroeira.

Capítulo 5

Um vulcão de amor

*Fogo vim trazer à terra, e como
gostaria de que já estivesse aceso.*
Lc 12, 49

Ide pelo mundo inteiro e anunciai o Evangelho a toda a criatura.
Mc 16, 15

Na Casa do Moinho

No dia vinte e sete de maio, São Josemaria foi, de manhã, à Casa do Moinho, um centro especialmente preparado para cursos de formação, convívios e retiros, situado pouco antes da cidade de Cotia. O motivo era duplo: fazer a dedicação («consagração», chamava-se na época) do altar do oratório desse centro; e, depois, conversar com calma, na forma de uma tertúlia familiar e formativa (um *entretien*, diria São Francisco de Sales), com aquelas das suas filhas brasileiras que tinham na época responsabilidades de governo e formação na Obra.

Venturosamente, pude participar das duas coisas. Da primeira, como assistente litúrgico da cerimônia, juntamente com o Pe. Javier Echevarría e o Pe. Manuel Correa. Da segunda, inesperadamente, a convite do próprio Padre, que nos pediu para ficarmos junto dele.

Foi assim. Após a cerimônia de consagração do altar, relativamente longa, o Padre dirigiu umas palavras às assistentes. Fê-las considerar que, assim como o altar fora ungido com óleo — o santo crisma —, também nós, os cristãos, fomos ungidos ao receber o batismo e a confirmação, o que nos santifica, nos identifica com Cristo e nos permite santificar tudo o que fazemos. De maneira especial, no final daquelas palavras, já referindo-se à próxima tertúlia, São Josemaria fez finca-pé no apostolado, no zelo pelas almas, que sempre foi um traço marcante, ardente, da sua alma santa, e que será o tema central deste último capítulo:

«Eu poderei dar-lhes algum conselho. Encher-nos-emos de mais amor ao Senhor e à sua Mãe, Santa Maria; e pediremos a Jesus, Senhor nosso, e à sua Mãe Santíssima, que é Mãe nossa, que nesta terra da Santa Cruz irrompa esse vulcão de amor, e vocês possam ser bons instrumentos de santificação, de paz, de alegria e de trabalho...

«Eu vejo esta maravilhosa nação como um instrumento com o qual se farão grandes coisas extraordinárias — ordinárias sempre, e não há contradição —, e não só no Brasil, mas a partir do Brasil».

Nessas poucas palavras há um eco, um *ritornello*, de dois temas de fundo que — durante toda a estadia de São Josemaria no Brasil — tornaram patente a vibração apostólica «vulcânica» do Fundador do Opus Dei.

O primeiro tema é a magnanimidade, a grandeza dos ideais e das aspirações evangelizadoras com que conseguiu contagiar muitos e muitas dos que a ele se achegaram. O segundo é o encantamento — flechada de amor à primeira vista — que experimentou pelo Brasil, vendo-o, com os olhos da fé, como um país dotado por Deus de enormes potencialidades para poder espalhar a luz de Cristo entre milhões de almas, no seu imenso território e pelo mundo inteiro.

Propagar a fogueira da nossa alma

No primeiro pensamento do primeiro livro que São Josemaria escreveu, *Caminho*, encontramos a seguinte frase: «Incendeia todos os caminhos da terra com o fogo de Cristo que trazes no coração».

Nessas palavras, condensa-se o eco de duas frases da Sagrada Escritura, muito meditadas por Josemaria Escrivá desde que era estudante. A primeira é o versículo 15 do Salmo 82 (83), que ele via como imagem do apostolado: «Como um fogo que queima a floresta, como a chama que devora os montes». A segunda é de Jesus: «Vim trazer fogo à terra, e como gostaria que já estivesse aceso»[1]. O eco que essas palavras de Deus despertaram na alma de São Josemaria foi imenso, incessante, com ressonâncias próprias do coração de um santo.

Nos dias brasileiros, nós pudemos captar bem essas ressonâncias, e ficamos contagiados por elas.

Como ensinou desde a fundação do Opus Dei, Mons. Escrivá insistia-nos — assim o fez, por exemplo, no Palácio Mauá — em que «todos os cristãos temos obrigação de ser apóstolos. Todos os cristãos temos obrigação de levar o fogo de Cristo a outros corações. Todos os cristãos temos que propagar a fogueira da nossa alma».

A imagem do fogo e do incêndio, haurida das labaredas de amor do Coração de Cristo, vinha--lhe com frequência aos lábios:

---

(1) Lc 12, 49.

«Vocês e eu», animava um grupo numeroso de casais em vinte e cinco de maio, «se não passarmos o fogo do nosso amor de Deus a outros amigos, a outros parentes, a outros colegas, aos que estiverem à nossa volta, teremos o triste fim de um carvão que se apaga (já comentamos, acima, a imagem do carvão). Meus filhos, propaguem essa fogueira de amor! Ateiem fogo, como a fogueira que queima o bosque.

«Um fogo que faz arder um bosque! Vocês já viram coisa mais tremenda e magnífica? Eu vi uma vez um bosque em chamas — só uma vez, graças a Deus —, e era de uma beleza imponente, e ao mesmo tempo algo devastador, tremendo: dava pânico! Mas esse fogo que vocês vão prender no Brasil não produzirá pânico: vai dar alegria, vai dar contentamento a nosso Senhor, vai cumular de bênçãos esta Pátria que se sabe fazer pátria de todos. Isto é uma maravilha! Esta irmandade, este querer-se bem, este não fazer distinções, esta igualdade!»

Com que naturalidade a pregação do Padre manifestava o fulgor da sua magnanimidade e da sua confiança no potencial cristão do Brasil!

Antes de comentar este segundo aspecto — como São Josemaria via o Brasil —, parece-me necessário fazer notar que o ideal apostólico que transmitia não era um fogo de palha, um movimento emocional de entusiasmo, um sonho sentimental. Deixava bem claro que só podemos propagar o «fogo de Cristo» se de verdade o «trazemos no coração». De um coração vazio, frio ou morno não sai chama nem calor. Isso significa que não pode haver apostolado eficaz que não proceda de um empenho sério por procurar a santidade; que só pode ser apóstolo aquele que tiver vida interior, aquele que possuir um amor de Deus capaz de extravasar e refluir nos outros, e umas virtudes cristãs capazes de abalizar, com a força do exemplo, a autenticidade das palavras.

Cheios de Deus, capazes de dar Deus

Na última tertúlia que um grupo de filhos seus tivemos com o Padre no Centro de Estudos Universitários do Sumaré, no dia 6 de junho, véspera da sua partida, São Josemaria falava-nos de que «vocês e eu somos uns enamorados; se não, nem vocês estariam aqui, nem eu tampouco». Todos, naquele encontro, éramos membros da Obra. E continuava:

«Que esse amor se manifeste em obras de serviço... Se vocês forem bons cristãos, cada qual no seu lugar, o Senhor estará contente de vocês e de mim, e nos acharemos realizados e completos: cheios de Deus, capazes de dar Deus, portadores de Deus. Esta é a vossa vocação e a minha».

A primeira condição, portanto, para todo o apostolado — ficava bem claro — consiste em procurar estar «cheios de Deus», em lutar por ser santos, para assim podermos ser «portadores de Deus».

É exatamente o que frisava dias antes a um jovem nissei que lhe perguntou como poderia preparar-se para um eventual trabalho apostólico no Japão:

«Meu filho, sendo muito santo. Pedindo-o à Mãe de Deus: Senhora, aquela minha terra é uma terra maravilhosa. As almas que lá estão foram remidas pelo sangue de Cristo. Quase nenhum conhece Jesus. São naturalmente bons, têm muito talento, são muito trabalhadores e verdadeiramente ordenados... Se chegassem a conhecer-te e a amar-te, se chegassem a conhecer o teu Filho, seguiriam os passos de José [de São José], começariam, a servir-vos com amor, com delicadeza extraordinária... Diga isso a Nosso Senhor. Mas, sobretudo, que o faça santo. Assim você se prepara para ir ao Japão».

«Sendo muito santo». Essa foi a grande luz que Deus infundiu na alma do jovem Pe. Josemaria, em dois de outubro de 1928, quando lhe fez «ver», com nitidez, o que dele esperava, ou seja, o Opus Dei.

Assim se explica que, já na década de trinta, pudesse escrever: «Um segredo. — Um segredo em voz alta: estas crises mundiais são crises de santos. Deus quer um punhado de homens "seus" em cada atividade humana. — Depois, a paz de Cristo no Reino de Cristo». E que, uma e outra vez — mesmo que inicialmente provocasse incompreensões e críticas — reiterasse: «Tens obrigação de santificar-te. — Tu também. — Alguém pensa, por acaso, que é tarefa exclusiva de sacerdotes e religiosos? A todos, sem exceção, disse o Senhor: "Sede perfeitos, como meu Pai celestial é perfeito"».

Por ser ilustrativo do que vimos comentando, creio que vale a pena reproduzir aqui, ainda que resumido, um interessante diálogo que se travou, no Parque Anhembi, no dia primeiro de junho, entre São Josemaria e um jovem pai de família.

— Padre — começou Vítor Leal —, sou engenheiro. Às vezes me pergunto por que há tão poucos santos no Brasil, o país mais católico do mundo?

— Olhe, meu filho. Os santos não fazem barulho. Provavelmente, perto de você haverá muitas pessoas que, aos olhos de Deus, são muito agradáveis e verdadeiramente santas...

Não tenha a menor dúvida de que este momento de loucura é momento de santidade. E que, nesta grande cidade que traz o nome de São Paulo, o Apóstolo das Gentes, há muitas almas maravilhosas, ocultas; e quem sabe se o Senhor não vai querer, daqui a algum tempo, não muito tempo, colocá-los nos altares para exemplo. De modo que fique tranquilo, almas santas, há, e não poucas, muitas. Além disso, o Senhor pede a todos nós — a você e a mim também — que sejamos santos. Não sou eu que o digo, é Ele: «Sede santos, como é santo meu Pai Celestial». E isso não o diz somente aos que vestimos essas coisas (apontava para a batina). Diz a todos. Aos casados, às casadas, aos solteiros, aos operários, aos intelectuais, aos trabalhadores rurais... A todos! Deus o abençoe, que você está em São Paulo e está rodeado de santos sem se aperceber disso. E quem não me diz que você tem no coração — estou certo disso — um fermento de santidade... Deixe-se conduzir por Deus, porque pode ser e deve ser um deles».

«Queres de verdade ser santo?»

Em dez de agosto de 1932, São Josemaria escrevia em seus Apontamentos íntimos: «Queres de verdade ser santo? — Cumpre o pequeno dever de cada momento: faz o que deves e está no que fazes». Este pensamento, posteriormente, passou a ser o ponto 815 de *Caminho*.

É uma maneira de exprimir o cerne da mensagem cristã do Opus Dei, da Obra que Deus inspirou ao Fundador como caminho de santificação e de apostolado no meio do mundo, «no cumprimento dos deveres cotidianos do cristão», de tal maneira que as pequenas coisas — as da vida cotidiana: ocupações profissionais, deveres familiares, deveres sociais etc. —, se convertam em «ocasião de amar e de servir» a Deus e ao próximo, em ocasiões de santidade e apostolado.

Com expressão profunda e poética, São Josemaria descreveu esse ideal numa homilia pronunciada em outubro de 1967 no campus da Universidade de Navarra, na Espanha: «Lá onde estão as nossas aspirações, o nosso trabalho, os nossos amores — aí está o lugar do nosso encontro cotidiano com Cristo. É no meio das coisas mais materiais da terra que nos devemos santificar, servindo a Deus e a todos os homens. Na linha do horizonte, meus filhos, parecem unir-se o céu e a terra. Mas não: onde de verdade se juntam é no coração, quando se vive santamente a vida diária...»

Durante a sua estadia no Brasil, é natural que o Padre frisasse com muita frequência este ideal de santidade em e através do trabalho e da vida cotidiana. Lembrarei apenas alguns momentos.

Num encontro com várias das suas filhas, profissionais de diversas áreas, no centro que então havia na Alameda Rio Claro, dizia a uma jovem que trabalhava como assistente do lar:

«É uma profissão extraordinariamente grande a sua. Não há nenhuma profissão humilde: todos os trabalhos são grandes e nobres. Eu não sei se é mais importante o trabalho do Governador do Estado do que o de uma moça auxiliar do lar. Dependerá do amor com que for feito. Poderá acontecer que aquela que está na cozinha o faça com tanto amor, que o que ali está fazendo seja de mais valor que o que faria no Parlamento... O vosso trabalho é ouro, ouro puro, se vocês o fazem com amor de Deus».

No dia 26 de maio, estando no Sítio da Aroeira com as suas filhas que lá se ocupavam da administração dessa Casa de Convívios, alguém perguntou ao Padre sobre a fidelidade nas coisas pequenas:

«Olha, minha filha, o Opus Dei — como todas as coisas grandes — está feito de coisas pequenas».

O Pe. Álvaro, com muito bom humor, apontou sorrindo para uma das alunas daquele centro, bem baixinha, dizendo-lhe que ela era uma dessas coisas pequenas de que o Opus Dei está feito. Isso deu pé para que São Josemaria traçasse um belo panorama de santidade:

«Muito pequenina de estatura..., mas vocês são muito grandes. Tem muita importância o que é pequeno, minha filha. Também estes edifícios grandes de São Paulo estão feitos à base de grãozinhos de cimento, de areia, de peças de ferro... Tudo tem muita importância... Você procure "estar" nos detalhes, porque são o que temos ao alcance da mão. Você, ainda que seja um "toquinho" assim, está subindo uma escada. Temos a escada do amor, minhas filhas: façam as coisas por amor a Jesus Cristo, para ajudá-lO a carregar a Santa Cruz, nesta terra da Santa Cruz; façam por amor a Santa Maria. E então o pequeno se torna grande, e você já não é mais um "toquinho", mas está tocando o Céu com a cabeça».

Isto traz-me ainda à memória uma das últimas tertúlias que tivemos na casa onde morávamos com o Padre. Era cinco de junho. Pairava no ar uma ameaça de saudades antecipadas, pois um de nós comentava que já faltava pouco para o Padre partir. São Josemaria quis dissipar as saudades:

«Não quero que falemos mais disso, porque vocês ficam muito sérios, e eu também fico, sem me dar conta. E, além disso, eu não me irei embora daqui. Fico! De verdade, fico: deixo-lhes o coração aqui, feliz da vida».

Logo a seguir, dando uma virada na conversa, endereçou-a para esse ideal de santidade no cotidiano:

«Além disso, eu preciso de cada um de vocês, porque é Deus quem precisa, Ele que não precisa de ninguém... e quer precisar de nós. Mas, sonhando, não desperdicem as coisas pequenas, o pormenor pequeno do dia, do instante, o *"hodie et nunc"* ["hoje e agora"]. Aquilo que agora, no momento, podemos fazer, é o mais seguro: feito com ânimo, com garbo!»

Pensando nessas palavras, não posso deixar de lembrar-me do que me aconteceu em Roma, num dia de 1954. Estava acompanhando o Padre quando subimos a uma sala, no alto do edifício, muito exposta aos ventos. As janelas estavam escancaradas e eu, ao entrar atrás de Mons. Escrivá, deixei a porta aberta. Não reparei que, com aquele vento, podia fechar-se com estrondo e fazer algum estrago. Com simplicidade, São Josemaria foi até a porta, fechou-a devagar e, voltando-se para mim a sorrir, disse-me algo que nunca mais esqueci:

«Meu filho, com certeza, antes de ser da Obra, você nunca tinha imaginado que se pode fechar uma porta com amor de Deus».

Fechou-a com amor. Da mesma forma que transformava em amor cada uma das pequenas coisas de que era urdido cada um dos seus dias.

O Brasil aos olhos de um santo

O Pe. Antônio Vieira dizia, num sermão de 1669, que «os olhos veem pelo coração». Foi através do seu coração cheio de amor a Deus e de zelo apostólico que, desde que aterrissou nesta terra, São Josemaria viu o Brasil.

«O Brasil!», exclamava diante de milhares de pessoas, no Parque Anhembi. «A primeira coisa que vi foi uma mãe grande, bela, fecunda, terna, que abre os braços a todos, sem distinção de línguas, de raças, de nações, e a todos chama filhos. Grande coisa é o Brasil! Depois, vi que vocês se tratam de uma maneira fraterna, e fiquei comovido».

Em 2002, ano do centenário do nascimento de Mons. Escrivá, a Empresa brasileira de Correios e Telégrafos lançou um selo comemorativo: à direita, o perfil do busto de Mons. Escrivá, olhando ao longe e tendo, como pano de fundo, a Basílica nova de Nossa Senhora Aparecida. À esquerda, ocupando o maior espaço do selo, a seguinte legenda, resumo das palavras que pouco acima transcrevi: «O Brasil! Uma mãe grande, que abre os braços a todos e a todos chama filhos». O país inteiro, através do selo, pôde conhecer essa «declaração de amor».

E eu posso afiançar que esse amor era sincero. Brasileiro naturalizado — por escolha e coração —, eu deveria ter um certo pudor de reproduzir louvores ao nosso país. No entanto, como — repito — sou testemunha da sinceridade desse carinho do Padre pela nossa terra, parece-me justo transcrever mais alguns dos seus comentários que, como veremos, não ficaram em simples louvor e, menos ainda, em bajulação.

Dia vinte e cinco de maio. Fazia menos de três dias que o Padre estava em São Paulo. Num encontro com casais, promotores de diversas iniciativas apostólicas, deixou vazar os sentimentos que já lhe enchiam de alegria a alma:

«Faz pouco mais de quarenta e oito horas que estou aqui e já aprendi muito. Aprendi que este país é um país maravilhoso, que há almas ardentes, que há pessoas que valem um tesouro diante de Deus nosso Senhor; que vocês sabem trabalhar e mexer-se; que sabem formar famílias numerosas, recebendo os filhos como o que são, um dom de Deus...

«Tanta terra e tão fecunda, tão formosa! Eu creio que as vossas almas são como esta terra: aqui tudo é generoso, tudo é abundante; os frutos deste país são mais doces, mais fragrantes... E, depois, vocês têm os braços abertos a todo o mundo: aqui não há distinções. Poderíamos repetir palavras da Escritura: gentes de todos os povos aqui encontram a Pátria, uma Pátria amadíssima. Eu já me sinto brasileiro... Meus filhos, tenho um grande remorso: não ter vindo antes ao Brasil».

Era lisonja amável? Era apenas uma delicadeza cortês ou emotiva do hóspede de um país «abençoado por Deus e bonito por natureza», onde era acolhido pela primeira vez com muito afeto?

Vamos ver, para entender corretamente as coisas, em que consiste esse «amor à primeira vista» no coração de um santo. Tudo o que é bom — os santos sabem disso mais do que ninguém — é dom de Deus. E tudo o que é dom de Deus, é uma responsabilidade, é um tesouro confiado para fazê-lo frutificar, como Cristo explica na parábola dos talentos[2]. E, se os dons são grandes, as responsabilidades são grandes. Esta é a visão de um santo. Por isso, ao lado da «descoberta» das riquezas e belezas espirituais e materiais do Brasil, São Josemaria não cessou

---

(2) Cf. Mt 25, 14-30.

de puxar fortemente pelas responsabilidades. Vejamos algumas «amostras»:

«Esta terra é grande, e precisa de temperamentos grandes em todos os setores, em qualquer labor, porque não há tarefa pequena...; pois então, toca a mexer-se, a fazer muitas coisas boas nesta terra, que é tão feraz.

«No Brasil há muito a fazer, porque há pessoas precisadas até das coisas mais elementares. Não só de instrução religiosa — há tantos por batizar —, como também de elementos de cultura comum. Temos de promovê-los de tal maneira que não haja ninguém sem trabalho, que não haja um ancião que se preocupe por estar mal assistido, que não haja um doente que se encontre abandonado, que não haja ninguém com fome e sede de justiça, e que não saiba o valor do sofrimento».

Acima de tudo, dentro da perspectiva cristã, São Josemaria propugnava uma purificação, uma potenciação — por obra da graça divina e da generosidade humana —, das qualidades naturais dos brasileiros, uma transfiguração de valores naturais em valores cristãos:

«Neste país», insistia, «naturalmente, vocês abrem os braços a todo o mundo e o recebem com carinho. Eu quereria que isso se convertesse num movimento sobrenatural, num empenho grande de dar a conhecer Deus a todas as almas; de se unirem, de fazer o bem não só neste grande país, mas no mundo todo. Podem! E devem! E, dado que o Senhor lhes dá os meios, dar-lhes-á também a vontade de trabalhar».

Isso era no dia de Pentecostes, dois de junho. E ainda nesse mesmo dia, no calor da festa do Espírito Santo, repisava: — «Vocês têm que fazer sobrenaturalmente o que fazem naturalmente; e depois, levar esse empenho de caridade, de fraternidade, de compreensão, de amor, de espírito cristão a todos os povos da terra. Entendo que o povo brasileiro é e será um grande povo missionário, um grande povo de Deus, e que vocês saberão cantar as grandezas do Senhor por toda a terra».

Horizontes de um homem de Deus

Como vemos, o olhar espiritual de São Josemaria projetava-se, cheio de grandes esperanças, para horizontes infinitos. Usando uma frase que há anos ficou conhecida na TV, para ele «o Céu era o limite». Como os primeiros cristãos, via o mundo inteiro, até os confins da terra, como herança que Deus dá aos seus filhos[3].

---

(3) Cf. Sl 2, 8.

Para ele, as palavras da despedida de Cristo antes da Ascensão que São Mateus registra, eram atuais, vivas e, como diz a Carta aos Hebreus, mais penetrantes que uma espada de dois gumes (Hb 4, 12): «Ide, pois, fazei discípulos entre todas as nações... Ensinai-lhes a observar tudo o que vos tenho ordenado. Eis que estou convosco todos os dias, até o fim dos tempos»[4].

Já no primeiro dia, vinte e três de maio, quando pediram ao Padre que pusesse umas palavras encabeçando o caderno onde iria escrever-se o «diário», o resumo escrito desses dias, colocou estas palavras de Jesus na Última Ceia: «*Ut eatis!*» — «Para que vades».

— Padre — quis saber Gaspar Vaz Pinto —, por que escreveu «*ut eatis*»?

— Porque vocês têm que correr por este grande continente — isto é mais que uma nação, que se chama Brasil e que estou amando com toda a minha alma —, para que daqui, depois, vão... para o mundo inteiro!»

Lá estavam, escutando-o, Jorge Kawamura, nissei, e José Carlos de Souza Lima, baiano de raízes africanas. Foi fácil, pois, para o Padre, dizer:

---

(4) Mt 28, 19-20.

— Quando vejo a tua carinha [dizia ao Jorge], lembro-me do teu povo — eu gosto muito dos japoneses —, que é um povo nobre, grande, de homens de ciência e de cultura, um povo que tem sede de verdade e de Deus, e que está na obscuridade do paganismo. E temos a África. Aqui há muitos de raça negra, com antepassados que foram trazidos injustamente da África... Com as gentes da África, muitos europeus fizeram uma maldade muito grande, que foi trazê-los à força aqui, e em escravidão. Temos que reparar. E o Opus Dei, nisto, pode fazer muito; e o Brasil pode fazer muito... Que bonito seria que saíssem daqui muitas vocações de gente de raça africana, que quisessem "voltar" para a África!... «*Ut eatis!*» Não só ao grande continente brasileiro. «*Ut eatis!*», ao Japão; «*ut eatis!*», à África, que é um continente que nos espera de braços abertos».

Esses horizontes ilimitados — abriu também perspectivas para muitas outras nações dos quatro pontos cardeais —, ficaram sintetizados num lema, que São Josemaria repetiu diariamente, e que para nós ficou como um programa que, com a graça de Deus, está sendo levado à prática: «*En el Brasil y desde el Brasil!*» — «No Brasil e a partir do Brasil!» Já faz tempo que, nos cinco continentes, há brasileiras e brasileiros do Opus Dei, cada vez mais numerosos, trabalhando a serviço de Deus, da Igreja e da humanidade.

E isso foi possível porque, primeiro no Brasil e depois pelo mundo, o incentivo, a oração e — após o seu falecimento — a intercessão de São Josemaria lá no Céu, têm alcançado de Deus os frutos que ele pediu na grande bênção que nos deu. Mas essa bênção merece consideração à parte.

Como a bênção dos patriarcas

Vou evocar uma data de que muitos de nós, até que Deus nos chame, nos vamos lembrar: quarta-feira, vinte e nove de maio.

Na sala de estar da sede onde reside o Vigário do Opus Dei para o Brasil, reuniu-se um bom grupo de fiéis da Obra mais antigos, muitos deles responsáveis por funções diretivas ou formativas.

A tertúlia transcorreu num clima de especial intimidade, muito familiar. Um pipocar alegre de perguntas, relatos, detalhes de humor e mergulhos no oceano do amor de Deus e de sonhos apostólicos (como o Padre sabia fazer tão naturalmente). Terminou a tertúlia, e o Padre ia saindo da sala, quando alguém lhe pediu que, como costumava, nos desse a bênção. Deteve-se. Ajoelhamo-nos e, quando esperávamos ouvir uma das fórmulas habituais de bênção, ficamos retendo o alento, porque escutamos palavras inesperadas:

> «*Que vos multipliqueis:*
> *como as areias das vossas praias,*
> *como as árvores das vossas montanhas,*
> *como as flores dos vossos campos,*
> *como os grãos aromáticos do vosso café.*
> *Em nome do Pai, e do Filho, e do Espírito*
> *Santo*».

O Padre saiu rapidamente. Quietos, sem reação, ficamos uns instantes sem saber o que dizer. Nessa bênção vislumbrávamos todos os horizontes que São Josemaria nos abrira, todo o futuro do nosso trabalho apostólico.

O Pe. Álvaro comentaria, pouco depois, que o Padre nos havia dado a bênção dos patriarcas. Certamente, tinha um sabor bíblico. E, fazendo-se eco do Pe. Álvaro, o Pe. Xavier cunhou uma expressão que ficou até hoje, e já é definitiva: «Pela primeira vez na vida, o Padre deu uma bênção patriarcal». É assim que sempre a evocamos: «A bênção patriarcal». E, como as bênçãos dos patriarcas, obteve de Deus frutos abundantes.

Tão gravada tínhamos essa bênção na alma — bênção que o Padre, com algumas variantes, repetiu em outras duas ocasiões —, que quisemos deixá-la inscrita em uma pequena placa de prata. Quando o Pe. Xavier e outros a mostraram ao Padre, reclamou carinhosamente. Achou uma despesa desnecessária, um desperdício. Acabou, porém, aceitando-a, ao perceber o que significava para nós. E, assim, um exemplar da placa está na sede do governo do Opus Dei no Brasil e outro em Roma.

No dia em que se despediu das suas filhas, alguém estava com essa placa na mão. São Josemaria, cordialmente, comentou:

«Este Brasil da minha alma, que me fez poeta! Dei-vos a bênção dos patriarcas sem me dar conta».

«Dilataste o meu coração»

A placa com a bênção patriarcal não foi a única recordação simbólica perpetuada em uma peça artística.

Quem visitar em São Paulo o Centro Cultural e Universitário Jacamar, dedicado ao apostolado com mulheres, contemplará numa ampla parede, na qual se abre a porta de acesso ao oratório, um grande reposteiro em veludo bege claro, preparado com arte por Maria Teresa Ossó. Todo ele está ornado de sanefas, mapas e dizeres, feitos em pirogravura e suavemente coloridos. Abraçando toda a ampla moldura, repetem-se as palavras do lema «No Brasil e a partir do Brasil» (*En el Brasil y desde el Brasil*). A maior parte do reposteiro é ocupada por um planisfério, em que aparecem os perfis dos cinco continentes. E, emoldurados de volutas barrocas, também pirogravados, no coração da tapeçaria podem ler-se os seguintes dizeres:

XXII-V-MCMLXXIV
DILATASTI COR MEUM
VII-VI-MCMLXXIV

Entre a data de chegada do Padre ao Brasil e a data de saída, estão inscritas em latim as palavras do versículo 32 do Salmo 118 (119): «Dilataste o meu coração».

A bênção patriarcal, sem o pretender, foi a proposta de um programa apostólico para todo o futuro. A tapeçaria foi a resposta dada ao Padre por suas filhas e seus filhos brasileiros. Era como dizer-lhe: «Não esqueceremos. Com a graça de Deus, entendemos. O Padre alcançou de Deus que o nosso coração, sempre acanhado demais, se dilatasse, se tornasse muito maior, e se abrisse para o mundo inteiro».

A própria artista que fez a tapeçaria preparou outros dois reposteiros, cópia exata do original.

Um deles foi para Roma, o outro encontra-se no Centro de Estudos Universitários do Sumaré, onde tantas vezes São Josemaria se reuniu com os seus filhos.

Gravado a fogo no veludo, esse versículo — «*Dilatasti cor meum!*» — ficou e ficará para sempre gravado também a fogo no coração de cada uma das filhas e de cada um dos filhos de São Josemaria no Brasil; e os ajudará a manter o coração aberto para os horizontes divinos de apostolado que Deus desfraldou, diante dos seus olhos, através de São Josemaria Escrivá.

Algumas palavras do autor, por ocasião do cinquentenário da vinda de São Josemaria Escrivá ao Brasil

"Dilataste o meu coração". Esta frase, que encabeça as últimas páginas deste livro desde a sua primeira edição, em 2007, sintetiza o que significou para nós, que a acompanhamos, a estadia de São Josemaria no Brasil há cinquenta anos.

Agora que comemoramos, com uma nova edição do livro, o cinquentenário desta vinda, essas mesmas palavras se iluminam e ganham a nova dimensão de uma fé vivida e de uma esperança comprovada ao longo dos anos.

São agora tantos, tão espalhados e tão maduros, os frutos da sementeira cristã que São Josemaria fez no Brasil que é natural experimentarmos o imperativo de dar graças a Deus e de lhe pedir que nos permita continuar a difundir essa semente fecunda — cada vez mais — por todos os cantos deste nosso país e pelo mundo afora, com o mesmo afã de servir a Deus e à Igreja santa que nele vibrava.

Já quando eu redigia o prefácio à primeira edição deste livro, fiz questão de frisar que não pretendia fazer a crônica dos dezessete dias da estadia de São Josemaria entre nós, mas apenas "pôr em destaque alguns traços característicos da santidade cristã" que são patentes na vida e no ensinamento de Mons. Escrivá. Esses traços constituem um valor permanente e são um apelo à santidade e ao apostolado no meio do mundo que São Josemaria continua a dirigir-nos da parte de Deus.

São Josemaria repetiu aqui, desde os primeiros dias da sua estadia, um lema que queria gravar em nossos corações como ideal e como meta: "No Brasil e a partir do Brasil." Com a graça de Deus e a intercessão de São Josemaria, o sonho deste santo, que amou o nosso país com um carinho muito particular, está avançando — protagonizado por brasileiros e brasileiras — aqui e nos cinco continentes, sob as bênçãos maternais de Nossa Mãe Aparecida.

A CAPA DESTA EDIÇÃO

O recurso gráfico utilizado na capa deste volume é o mesmo da campanha mundial suscitada pelo cinquentenário da visita de São Josemaria Escrivá à América Latina. A linha remete ao itinerário percorrido pelo Fundador do Opus Dei, que iniciou sua viagem pelo Brasil e a concluiu em sua histórica estadia na Guatemala. No total, São Josemaria esteve em sete países.

Esta grande viagem apostólica aconteceu em 1974. Em 22 de maio, São Josemaria aterrissou no Rio de Janeiro, de onde logo partiu para a cidade de São Paulo. No dia 28, esteve no Santuário de Aparecida, e ali pôde rezar com seus filhos e amigos do Opus Dei. Partiu para a Argentina em 07 de junho, saindo do aeroporto internacional de Viracopos, em Campinas.

1.   22 de maio: chegada ao Rio de Janeiro e viagem a São Paulo
2.   28 de maio: romaria a Aparecida
3.   07 de junho: partida para a Argentina

Direção geral
Renata Ferlin Sugai

Direção editorial
Hugo Langone

Produção editorial
Juliana Amato
Gabriela Haeitmann
Ronaldo Vasconcelos
Roberto Martins

Capa
Gabriela Haeitmann

Diagramação
Sérgio Ramalho

ESTE LIVRO ACABOU DE SE IMPRIMIR
A 29 DE ABRIL DE 2024,
EM PAPEL COUCHÊ 90 g/m^2.